微商团队裂变:
快速打造万人微商团队

李婉卿 著

机械工业出版社

刚刚从事微商事业的新代理们会发现一个问题，微商行业目前的发展已经进入瓶颈期，做起来并没有之前那么容易了。例如，他们可能看到别的微商只是在玩手机，就能轻轻松松完成裂变，收入颇丰，而自己按部就班地去做，结果却不尽如人意。

针对这种情况，本书根据微商团队裂变的各个阶段，从寻找微商人才、组建核心团队、建设万人团队、打造培训体系、游戏化管理、去中心化管理、设置奖励机制、保持稳定发展这八个方面展开论述，告诉微商从业人员通过哪些渠道可以快速增加精准"粉丝"，如何壮大自己的队伍，如何撰写精彩文案，如何让500人产生裂变，如何培训代理，如何对微商团队进行管理，以及如何通过专业的能力和灵活的技巧处理微商裂变过程中遇到的各种问题。

总之，本书讲述了微商团队裂变的全部过程及后续工作。微商从业人员通过本书可以进行有针对性的学习，从而提升自己的营销能力，让微商团队得到不断发展。

图书在版编目（CIP）数据

微商团队裂变：快速打造万人微商团队 / 李婉卿著. —北京：机械工业出版社，2018.7

ISBN 978-7-111-60287-3

Ⅰ. ①微… Ⅱ. ①李… Ⅲ. ①网络营销－组织管理学 Ⅳ. ①F713.365.2

中国版本图书馆 CIP 数据核字（2018）第 135624 号

机械工业出版社（北京市百万庄大街22号　邮政编码100037）
策划编辑：丁　诚　　责任编辑：丁　诚　陈　洁
责任校对：张艳霞　　责任印制：常天培
北京铭成印刷有限公司印刷
2018 年 7 月第 1 版·第 1 次印刷
169mm×239mm・13.25 印张・215 千字
0001—4000 册
标准书号：ISBN 978-7-111-60287-3
定价：59.00 元

凡购本书，如有缺页、倒页、脱页，由本社发行部调换

电话服务　　　　　　　　　　　　　　网络服务
服务咨询热线：（010）88361066　　　机 工 官 网：www.cmpbook.com
读者购书热线：（010）68326294　　　机 工 官 博：weibo.com/cmp1952
　　　　　　　（010）88379203　　　教育服务网：www.cmpedu.com
封面无防伪标均为盗版　　　　　　　　金　书　网：www.golden-book.com

前　言

　　微商行业自出现后，发展势如破竹。微商代理也如雨后春笋般迅速发展，微商团队不断发展壮大。未来，微商的火爆程度将有增无减，但竞争也将越来越激烈，不少团队会被淘汰。确实，传统电商不断投入大量资源，抢占越来越多的消费者。与此对应的是微商行业洗牌浪潮高涨，团队管理问题全面爆发。

　　众所周知，目前微商还是依赖代理的流量实现产品营销，所以微商团队裂变依然是微商发展最重要的手段之一。微商团队裂变是建立在管理的基础上的，但如今微商团队裂变的最大瓶颈问题也是管理。

　　现在建立一个微商团队并不容易，很多微商管理者不是失败在组建团队上，就是失败在团队管理过程中，他们想要完成微商团队裂变更是寸步难行。因为微商的各个代理来自五湖四海，都有自己独立的生活，不像是普通公司员工拿了你的工资，就是你的下属，就要完成任务。而且微商的投入成本较低，行业诱惑较大，某个人今天还是你的代理，明天就有可能是竞争对手的代理。除此之外，如果统一培训效果不佳，情况恶化到团队代理无法开单，还会导致团队成员情绪低落。有时候微商团队氛围太差，各大交流群就会逐渐趋于安静，无法激起代理的积极性，这些问题都给微商团队管理带来了难度。

　　在内忧外患的情况下，微商管理者亟须新的管理方式来重塑代理群体，并在这个基础上完成一次又一次裂变。当然，微商管理者要想把裂变工作做得出色，不仅要有较强的沟通能力和系统的培训能力，还要有强烈的驾驭能力，积极调动微商的各项资源，对代理进行全方位、一体化的管理。

　　本书针对微商团队中出现的种种现象，介绍了当前微商团队的裂变难点，并详细解析了如何在裂变时通过各种渠道获取代理流量，如何明确团队的四大分工，以及团队裂变的技巧都有哪些。在组建团队的基础上，本书还涉及了如何打造一个完整的培训体系，将微商进行游戏化、去中心化管理，如何设置激励机制以激励代理。

　　广大的微商管理者以及其他微商从业人员，能够从本书中发现自己在团

微商团队裂变：
快速打造万人微商团队

队管理或营销产品时的不足，找到提升自己管理水平及营销能力的方法，从而让微商团队裂变更容易成功。

此外，本书除了能够帮助微商管理者提升管理水平，还提供了一些应对微商团队裂变后续工作的方法及具体的解决措施，如让微商团队稳定发展的五大策略。

总之，微商管理在裂变过程中显得越来越重要。所以，一个管理能力出众的管理者在微商行业中的前途是不可估量的，也最容易获得成功。在微商行业管理频频出错，裂变举步维艰的情况下，本书作者结合多年从事微商行业的工作经验和许多真实案例，给众多微商管理者提供了一个优质的裂变入口，以有效降低试错成本和管理风险。

本书内容及体系结构

本书首先讲述了目前微商行业管理出现的四大问题，并对问题做出详细的解析，让微商行业从业人员对目前的微商市场状况有一个准确地了解。

随后，本书从三个方面讲述了组建微商团队的具体步骤：第一，讲述了微商团队要在找对代理的基础上完成拓展裂变，为团队日后的高效打下基础。第二，介绍了如何组建了一支分工明确、各就各位的微商团队，让管理者与代理成员相得益彰。最后，传授给管理者如何把团队做大的小技巧，让裂变过程顺利进行。

在组建团队的基础上，本书从团队管理角度出发，从四个方面详细叙述了管理方法。第一部分针对代理的培训体系，从代理的心理变化和成长过程出发，让费尽口舌的说教变成引起共鸣的交流，帮代理迅速掌握微商技巧。第二部分介绍了娱乐化管理的真正魅力，并讲述游戏化管理的七大要素，让团队成员在娱乐的氛围下，不知不觉完成一些高难度的任务，还能让成员收获成就感，促使其高效工作。第三部分介绍了对陈旧制度具有挑战性的去中心化管理，这是近些年流行的有效管理模式。在去中心化管理模式下，微商代理将不断自我生长，破茧成蝶。第四部分讲述了所有行业都十分重视的激励问题，通过介绍微商行业所需的激励要素，让微商团队在管理过程中形成高效的工作氛围。

本书最后对微商行业发展做出了详细解说，指出通过将微商团队规模化、立体化、科技化，让微商团队完成质的飞跃。在这个基础上，这一部分还讲述了微商团队如何给代理进行营销支持，并为客户提供良好的后续维护。

前　言

本书特色

1．内容全面，可以使读者掌握丰富的知识点

本书内容全面，既介绍了微商团队的管理现状，如微商群成员不活跃、轻易换代理等问题，又针对组建微商团队及管理给出了详细的流程和相关问题的具体解决方法，包括通过各种渠道获取代理流量、团队成员的具体分工及建设团队中必不可缺的小技巧等。除此之外，本书还对微商行业发展提供了可行性的策略，对产品的后续维护做出了详细的讲解，使读者能够通过本书了解关于微商团队裂变方面的扩展知识。

2．案例丰富，便于读者理解

本书在叙述的过程中，为了让读者更容易理解一些较难的理论知识点，插入了大量的案例，增强了内容的可读性。

本书大部分案例都采用实录式的形式，结合现实中的事件给读者最真实的阅读感受，切实贴合读者的实际情况，不仅使读者在阅读中更容易理解，还能让读者明白在现实中遇到相似情况如何恰当处理。

3．布局合理，衔接到位

本书在讲解过程中引用不少经典案例，帮读者在阅读过程中展开联想，对案例进行独立思考。

本书的每一个章节都布局合理，衔接到位。读者能够充分学习到文中的知识点，并将知识点转化到现实工作中，洞察代理的心理，实现有效转化。

4．内容详略得当，实战性强

本书在对微商管理的知识点进行描述时，详略得当。对重点知识花费了相当多的笔墨详细介绍，而对次要的知识点着墨较少。读者在阅读本书的时候，能够明确区分文章重点和非重点，有利于读者对重点内容的把握，具有较强的实战性。

本书读者对象

- 微商管理者。
- 微商其他代理。
- 淘宝、京东等电商卖家。
- 营销专业的学生。
- 对微商裂变感兴趣的人。

目　录

前言

第1章　代理式管理并不那么容易 /1
1.1　代理遍全国，但无法全职式管理 /1
1.1.1　微商代理发展现状 /1
1.1.2　微商代理现状分析 /2
1.2　团队内部活跃度低，微信群、QQ群沦为死群 /4
1.2.1　微信群、QQ群沦为死群现象普遍 /4
1.2.2　微信群、QQ群沦为死群的三大"祸首" /5
1.3　统一时间培训，但能准时听的不到四成 /6
1.3.1　那些年，培训讲师做不到的事 /7
1.3.2　是什么让被培训成员错失了培训机会 /8
1.4　骨干成员换产品，挖走一半代理 /9
1.4.1　骨干成员"跟人跑啦" /10
1.4.2　"逃离"旧团队，还不忘带走其他人 /10
1.5　团队成员长久未开单，消极情绪蔓延 /11
1.5.1　成员未开单，微商团队责无旁贷 /11
1.5.2　是什么让微商团队成员如此消极 /12

第2章　组建微商团队应先找对人 /15
2.1　设计团队建设基本架构 /15
2.1.1　核心管理层带你"飞" /15
2.1.2　专业微商怎么少得了专家顾问层 /17
2.1.3　运营团队层是主要竞争力 /18
2.2　招聘微商人才的渠道有哪些 /19

目 录

- 2.2.1 通过自媒体平台加速传播 / 20
- 2.2.2 与名人大咖合作，流量迅速来 / 20
- 2.2.3 通过QQ、微信、论坛等各大平台招聘人才 / 21
- 2.2.4 学会自建培训群，招聘千人不是梦 / 21
- 2.2.5 软文招聘，打动你的心 / 22
- 2.2.6 友情互推，招聘简单 / 23
- 2.2.7 手机App招聘，创意横生 / 23

2.3 盘点团队成员基本素养 / 24
- 2.3.1 目标清晰，效率高 / 25
- 2.3.2 熟悉工作技能，为客户提供优质的服务 / 26
- 2.3.3 沟通能力好，交流没烦恼 / 26
- 2.3.4 灵活性强，问题随手可解决 / 26
- 2.3.5 积极倾听并尊重他人，交流更显成效 / 27
- 2.3.6 成员之间相互依赖与协同 / 27
- 2.3.7 适当地进行信息共享，提高资源利用率 / 28
- 2.3.8 定位自我角色，进行自我管理 / 28

2.4 打造高效团队，彰显领导魅力 / 29
- 2.4.1 让团队绩效提升三倍的四种方法 / 29
- 2.4.2 塑造领导魅力，微商团队管理畅通无阻 / 32

第3章 组建核心团队，明确四大分工 / 35

3.1 文案：设计产品宣传，规划线下活动 / 35
- 3.1.1 撰写微商文案的四大要素 / 35
- 3.1.2 微商文案六大形式，你做到了几个 / 36

3.2 设计师：视觉呈现，便于代理复制 / 40
- 3.2.1 微商图片设计四大视觉手法 / 41
- 3.2.2 字体选择与运用 / 42
- 3.2.3 排版方式及故事元素 / 44
- 3.2.4 朋友圈配图的四个角度 / 44

3.3 讲师：培训代理独立推介产品 / 45
- 3.3.1 想要成为优秀的讲师，话术要专业 / 45
- 3.3.2 优秀讲师必备小技巧 / 47

VII

3.3.3 培训代理独立推介产品，讲师只要教九点 / 49

3.4 推广营销：多渠道获取代理流量 / 52

3.4.1 线上引流实现全方位突破，玩转微商新时代 / 53

3.4.2 线下引流潜力大，开发微商新流量 / 55

3.4.3 微商下乡：微商下个竞争主战场 / 57

第4章 万人团队建设技巧 / 58

4.1 各层代理的心态分析 / 58

4.1.1 三级代理的心态分析 / 59

4.1.2 二级代理的心态分析 / 59

4.1.3 一级代理的心态分析 / 60

4.2 如何打造500人群 / 62

4.2.1 准备材料——建群 / 63

4.2.2 搭建房子——群管理、维护 / 63

4.2.3 装修房子——价值输出 / 64

4.2.4 建设成功——加粉互利 / 65

4.3 打造500人群的必要条件 / 65

4.3.1 具备丰富的人脉资源 / 66

4.3.2 相似价值观让大家走到一起 / 66

4.3.3 大家出来聊聊 / 67

4.3.4 月入万元的共同利益不是梦 / 67

4.4 建立代理管理群、领袖核心群 / 68

4.4.1 挑选代理管理人选 / 68

4.4.2 培养代理管理能力 / 69

4.4.3 授予代理管理权力 / 70

4.4.4 分配代理管理目标 / 70

4.5 如何让500人群产生裂变 / 71

4.5.1 做好裂变的准备 / 71

4.5.2 产生裂变的方式 / 72

4.5.3 进行裂变的维护 / 74

4.6 如何用工具来管理多个群 / 75

4.6.1 WeTool客服功能 / 76

4.6.2　WeTool 群发功能 / 79
　　4.6.3　WeTool 好友管理功能 / 81
　　4.6.4　WeTool 检测"僵尸粉"功能 / 83
　　4.6.5　WeTool 群管功能 / 84
　　4.6.6　WeTool 统计分析功能 / 86
4.7　如何营造并维持团队氛围 / 89
　　4.7.1　正确认识团队氛围的重要性 / 90
　　4.7.2　影响团队氛围的主要因素 / 90
　　4.7.3　营造并维持团队的良好氛围 / 91

第5章　打造培训体系，让代理快速入门 / 93

5.1　培训成员了解产品质量、价格、功效 / 93
　　5.1.1　培训成员了解产品的质量 / 93
　　5.1.2　培训成员了解产品的价格 / 94
　　5.1.3　培训成员了解产品的功效 / 94
5.2　各阶段人员培训内容不同 / 95
　　5.2.1　对新成员进行初级培训，了解微商流程 / 95
　　5.2.2　培训旧成员的综合能力，引导"粉丝"成为代理 / 97
　　5.2.3　培训资深成员的领导能力，打造个人魅力 / 98
5.3　不同发展阶段选择不同的培训方式 / 100
　　5.3.1　培训新成员，方法要简单 / 100
　　5.3.2　培训旧成员，方法要有趣 / 102
　　5.3.3　培训资深成员，方法要专业 / 103
5.4　摆脱"填鸭式"培训 / 103
　　5.4.1　什么是"填鸭式"培训 / 104
　　5.4.2　"填鸭式"培训的危害 / 104
　　5.4.3　拒绝"填鸭式"培训 / 105
5.5　快速培训最有效的方法：模仿 / 107
　　5.5.1　模仿是入门的第一步 / 107
　　5.5.2　模仿别人的方法 / 108
　　5.5.3　微商应模仿什么内容 / 109
　　5.5.4　模仿以后怎么做 / 110

5.6 让成员养成学习型自我培训模式 / 110

    5.6.1 快速锻造自我培训模式 / 111

    5.6.2 打造自我培训体系需要做好的事情 / 111

第6章 游戏化管理微商团队七要素 / 115

6.1 要素一：目标大比拼 / 115

    6.1.1 游戏中的目标 / 116

    6.1.2 游戏化的目标设定 / 117

    6.1.3 团队成员目标大比拼 / 118

6.2 要素二：团队互动不能少 / 119

    6.2.1 团队互动是进步的基础 / 120

    6.2.2 产生互动要到位 / 120

    6.2.3 像谈恋爱一样去互动 / 121

6.3 要素三：遇到问题及时反馈 / 122

    6.3.1 大家来"找茬" / 123

    6.3.2 接收反馈，我们是认真的 / 124

6.4 要素四：给成员额外的物质奖赏 / 126

    6.4.1 做创新型激励的行家 / 127

    6.4.2 物质奖赏是成员想要的 / 128

6.5 要素五：设立荣誉奖赏 / 130

    6.5.1 以荣誉之名，创管理之新 / 130

    6.5.2 以荣誉之名，寓培训于乐 / 131

    6.5.3 以荣誉之名，行招聘之实 / 132

6.6 要素六：定时举办线下活动 / 133

    6.6.1 举办线下活动，有趣才奏效 / 133

    6.6.2 举办线下活动，归属感不能少 / 134

第7章 微商团队去中心化管理五大技巧 / 136

7.1 技巧一：团队中没有领导，只有教练 / 136

    7.1.1 再见吧，"领导" / 137

    7.1.2 新型管理方式：教练你好！ / 137

    7.1.3 打造教练型管理，没有那么容易 / 138

7.2 技巧二：团队管理要扁平化，不能等级式 / 140

7.2.1　扁平化 VS 等级式 / 140
　　7.2.2　扁平化管理的正确打开方式 / 141
7.3　技巧三：团队管理要无边界，不能有界 / 143
　　7.3.1　有界已经出现了弊端 / 144
　　7.3.2　无边界挑战领导力 / 145
7.4　技巧四：团队管理要"放养"，不能"圈养" / 147
　　7.4.1　"放养" VS "圈养" / 147
　　7.4.2　打造"放养"式的狼性团队 / 150
7.5　技巧五：合理授权，管理不失控 / 151
　　7.5.1　管理有力：授权能让团队得到更好的发展 / 152
　　7.5.2　管理有方：适时授权 / 153
　　7.5.3　管理有度：授权而不失控 / 154

第 8 章　微商团队管理设置激励机制五大要点 / 156

8.1　要点一：建立完善的绩效考核体系 / 156
　　8.1.1　团队绩效考核仍然存在问题 / 157
　　8.1.2　完善绩效考核体系，我们就该这么做 / 159
8.2　要点二：微商领导团队考核模板 / 161
8.3　要点三：微商成员考核模板 / 163
8.4　要点四：完善晋升体系 / 167
　　8.4.1　目前晋升体系弊端多多 / 168
　　8.4.2　微商团队晋升激励面临的挑战 / 169
　　8.4.3　完善晋升体系，让微商小白也有机会成为大咖 / 170
8.5　要点五：激励效果评估体系 / 173
　　8.5.1　结构薪酬机制 / 173
　　8.5.2　绩效考核机制 / 174
　　8.5.3　晋升发展机制 / 176
　　8.5.4　人才培养机制 / 176

第 9 章　微商团队稳定发展的五大策略 / 178

9.1　规模化：人海战略是微商团队的发展趋势 / 178
　　9.1.1　人海战略：从你的全世界路过 / 179
　　9.1.2　玩转人海战略，先要减少代理流失 / 180

9.2 立体化：理性规划各渠道发展 / 183

  9.2.1 微商营销渠道遇到阻力 / 184

  9.2.2 创新微商营销渠道，让其成为发展助力 / 185

9.3 科技化：紧跟时代趋势，充分利用移动端应用 / 187

  9.3.1 合理利用移动端应用是微商发展的基础 / 188

  9.3.2 如何利用移动端应用，玩转微商行业 / 189

9.4 营销支持：为成员提供全方位宣传策略 / 192

  9.4.1 微商宣传路上遇到了问题 / 193

  9.4.2 微商团队应教会成员们的宣传策略 / 193

9.5 后续维护：重视售后服务，做好售后支持 / 195

  9.5.1 售后服务才是销售的开始 / 195

  9.5.2 微商售后服务存在的问题 / 197

  9.5.3 售后服务这样做，才能留住老客户 / 197

第1章 代理式管理并不那么容易

近年来,微商发展势如破竹,每次打开朋友圈,很多都是微商代理的产品介绍。微商风靡市场就是因为微商代理,但是有人欢喜有人愁,有的代理依靠微商打造了神话,有的代理却不尽如人意,处境困窘。那么,究竟是什么原因让他们产生了这么大的差距呢?我认为,这与微商团队的管理是脱离不了关系的。微商代理呈指数级增长,但是很多问题也随之显现,这一章我们介绍微商团队管理过程中出现的问题。

1.1 代理遍全国,但无法全职式管理

微商代理是基于移动端的产物,主要分两种形式:①微商代理拥有某产品的授权,直接从厂家拿货或寻找其他货源。这种代理模式通常可以发展下级代理,上一级代理把产品销售给下级代理赚取差价,当然也可以自己直接把产品销售出去。②另一种代理无须囤积货物,通常只要推广、宣传并售出产品,但是利润较低。

不管是哪一种形式,微商代理是在新营销模式下出现的产物,它像雨后春笋一样冒出来,遍布全国各地。微商代理的主要目的是通过微商营销渠道完成销售目标,获得更多利润。

1.1.1 微商代理发展现状

2012年,某微商品牌A公司只是一个注册资金50万元,员工十人的小

团队。而 2013 年，A 公司实现利润 300 多万元，2014 年更是达到了利润 4000 多万元。短短两年间，A 公司可以说是一飞冲天。但是，2016 年，A 公司却突然发布一条公告：A 公司进入休整，随后 A 公司便不见踪迹，消失在微商市场里，很多人都感到十分错愕。

直到近期，消失了一年多的 A 公司创始人 H 先生才出现在大家的面前，坦率承认 A 公司的失败是因为在代理管理上出现了失误。

事实上，A 公司只在 2012 年严格招聘过人才，接下来再也没有对代理进行过管理。他们随机招收代理，凭人情、亲情等关系，只要有人想加入，无条件批准，这种现象维持了两年。作为发展到微商行业保健品前几名的微商团队，大家或许很难想象 A 公司竟然没有一个正常完整的管理结构。

有人问过 H 先生，"为什么不对成员们进行统一管理？" H 先生的回答是："太难了。大家都是通过网络认识的，而且来自全国各地，不知道怎么管。"

A 公司没有培养人才的计划，没有规章制度，盲目扩招代理，随意安排工作，最终形成一个成员安排不合理、结构单一的团队，严重阻碍了这个微商企业的发展，实际上造成了无法管理或者不管理的局面。

结合 A 公司失败的原因和微商当前的一些情况，我们可以看到微商代理的发展现状：无法培训或培训不到位，成员没有归属感；盲目加入微商团队，遭到打击后退出，人员流失严重；团队监督缺位，微商代理对工作不尽职。

1.1.2 微商代理现状分析

当前，越来越多的企业、团体及个人加入微商市场，微商代理遍布全国，谁也不愿意错过这个通过移动端带来的千亿元规模的商机。

可是，对于微商团队来说，来自全国各地各色各样的人加入团队，无疑为管理造成了很大的难度。微商代理对于很多人来说只是一个副业，正常的管理方法是不适用的。微商团队代理的特色决定了谁也无法分身出来当一个"全职母亲"，时刻跟踪代理的动向，这就让管理微商代理过程中出现了一些问题，如图 1-1 所示。

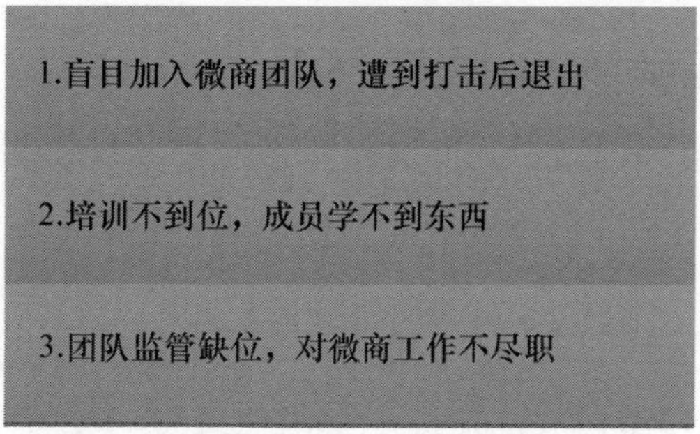

第1章
代理式管理并不那么容易

1. 盲目加入微商团队，遭到打击后退出

2. 培训不到位，成员学不到东西

3. 团队监管缺位，对微商工作不尽职

图 1-1　无法全职式管理带来的问题

1. 盲目加入微商团队，遭到打击后退出

有一些人看到一些公司把微商营销说得神乎其神，好像做了微商就能一夜暴富，于是盲目做了代理。可他们却不知道这些公司都是做了浮夸的宣传，误导了他们。例如，利用软件编造用户反馈体验，营销内容夸大产品功效，让其他代理成员发到朋友圈里，还晒一些虚假运单来证明生意火爆。而代理加入之后发现事情并不像预期的那样顺利，就会感觉梦想破灭，选择退出代理行业。

2. 培训不到位，成员学不到东西

这段时间，总有一些朋友向我反映，在参加培训之后反而更糊涂了。这是一些微商新手，尤其是从传统零售渠道转型当微商的学员参加培训时的感觉。微商成员们选择了好的产品，也听说或看到其他微商做得风生水起，于是想好好地参加培训，开拓微商营销渠道。他们不参加还好，培训过后反而更糊涂了。

毫无疑问，这是大多数微商团队都出现过的问题。很多微商团队对于新人都是进行单向"填鸭式"培训，如把群成员全部禁言，然后让讲师独自讲述，不断灌输知识。成员们有没有在听，讲师也掌控不了，培训结束后再让成员自己"爬楼"复习知识。这种培训方式既缺少互动，也没有考核内容，明显是不到位的。

培训不到位会导致成员们学不到微商专业的知识，对开拓营销渠道也就无从下手。当产品卖不出去时，他们难免会对微商团队心生怨念，这对微商团队的管理十分不利。

3. 团队监管缺位，对微商工作不尽职

微商成员来自五湖四海，只能在群里集中管理。微商团队不容易给成员们确定工作任务量，这一工作性质虽然给了成员们足够的自由度，但同时会导致监管力度不足。

很多微商团队成员太多，具体怎么做基本都靠成员的自觉性，很难实现有效的监管。就管理而言，微商成员都在说自己有多么尽职工作，但是却没有相应的成果验证，谁都不能确定微商成员有没有在尽心尽力地工作。

1.2 团队内部活跃度低，微信群、QQ 群沦为死群

微商团队的交流主要通过各种群相互传授经验来促进成员之间的关系。然而许多微商群在活跃一段时间后，都不可避免地成为死群，这是让微商管理者感到十分头痛的一大问题。

1.2.1 微信群、QQ 群沦为死群现象普遍

小 A 建立的微信群，群成员互不相识。刚建立起来的时候，大家都热热闹闹地聊天。一段时间之后，群里会时不时有人分享一些文章，然后有人借着文章内容起头，还有好几个人附和着讨论这个话题，偶尔还会有人发红包。再过些日子，聊天的人越来越少，群里还不断出现灌水广告。久而久之，小 A 的群只有红包还能炸出一些"潜水"成员，否则就会平静得像一潭死水，这样的群俗称死群。

小 A 也在群里做分享，也鼓励成员们讨论话题，甚至也时不时发个红包，但是最后为什么还是沦为死群了呢？

不仅是小 A，放眼望去，如今大部分社群都有这个趋势。人们打开手机，曾经热闹的群还有几个活跃着？死群现象普遍出现在人们的社交工具上，甚至不少人受不了群里长期无人说话，索性退群。目前，微信群、QQ 群沦为死群现象很普遍，这严重影响着微商的发展。

1.2.2 微信群、QQ群沦为死群的三大"祸首"

在微商团队管理过程中,很多人都遇到过这个问题:团队内部活跃度低。在微商行业,QQ群或微信群是重要的沟通工具,一般的微商团队必然会有微信群或QQ群,但是这些群总是没有人说话,久而久之沦为死群,导致团队成交率降低。事实上,微信群和QQ群沦为死群的原因主要有三个方面,如图1-2所示。

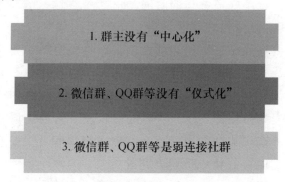

图1-2 微信群和QQ群沦为死群的三大原因

1. 群主没有"中心化"

只要有一个安装了微信或QQ的手机,就能建群,把成员们拉进群,群主就是"中心"了,真的是这样吗?一旦群主缺少号召力,大家在群里不是沉默,就是乱发广告,甚至直接退群,这种情况还少吗?这样的群主又怎么能算得上是"中心"呢?

如果是某些大明星或知名人物亲自建群,还会有人退群吗?如果没有人数上的限制,群里人数不止500人,可能会有500万人,又怎么会沉默呢?

可见,微商群、QQ群等就是缺少了群主"中心化"的前提。群主只有具备专业领域的号召力,让群里有实质性的内容交流,才能形成"中心化"。如果群主实在缺乏号召力,就应该把群里的内容做得专业、精细和实在。微商群作为一种松散型的组织,如果不能给成员们提供价值,持续吸引群成员,这个群就会变得没有用处,大家也就不会活跃起来了。

2. 微信群、QQ群等没有"仪式化"

大家可以回过头去翻一下那些沦为死群的微信群、QQ群等,会发现它们和小 A 建立的群一样，都有一个共性：会有人在群里分享内容，也有人鼓励成员们讨论问题，把聊天气氛搞起来，甚至群主也会时不时发个红包，得到几个"谢谢老板"的表情包。

感觉到不对了吗？不错，问题就出现在群内成员，包括群主自己，总是在心血来潮的时候给大家分享，话题讨论也是隔三岔五，发红包都像是突袭。这种"惊喜"式的讨论活动使成员们无法形成一个固定的使用习惯，对下次的活动也没有准备。这样的运营方式会使成员们感到手足无措，不知道自己应该做什么，也不知道参与的时间。

"仪式化"其实就是通过某种设定，给群里的成员养成一种"到了某个时间某种情景就要这样做事"的习惯。例如，结婚时新娘要穿礼服，冬至大家都吃饺子，"双 11"时大家都准时地秒杀……"仪式化"并不死板，这种习惯同时还会让人充满期待。

管理者想要提高微信群、QQ 群等的活跃度，就要让群变得"仪式化"起来，也就是培养成员们的使用习惯。就像大家起床后都要刷牙一样，群里的活动也要以固定的方式让成员们去完成。

人是社会性动物，仪式感是群居性动物的心理需求。微信群、QQ 群等把活动"仪式化"，让成员们对活动形成条件反射，从而提高成员们参与活动的热情。

3. 微信群、QQ 群等是弱连接社群

弱连接关系通常代表着群成员彼此之间互动频率低，在互动关系形态上不够亲密。任何群都会有一个生命周期，而强连接的群往往会走得比弱连接的群更久。想要把微信群、QQ 群等变成强连接社群，就要提高群内成员的凝聚力，把社群发展壮大。

1.3　统一时间培训，但能准时听的不到四成

"亲，今晚 8 点记得准时到群里参加培训哟。@所有人。"小 A 在群里发完这条信息后，群内一片回复"好的""OK"等，小 A 便放心地忙

第1章
代理式管理并不那么容易

自己的事去了。

在参加培训后的第二天,小 A 在跟某位代理聊天的时候,随口问了一句:"你们昨晚培训都说什么了?感觉怎么样呀?"

过了好一会儿,对方才回信息:"哎呀,你不说我都忘了。昨晚孩子发烧了,陪她看病呢,还没有听。打算今天有空的时候爬楼去听,孩子又在闹,我都忘了这回事了。等我有时间再去听吧,回头告诉你效果。"

小 A 脑海里的警钟突然敲响了,这位代理的情况会不会也同样发生在别人的身上呢?于是小 A 给很多代理都发了同样的消息,询问昨晚的培训效果。

"昨晚和男朋友出去吃饭了,还没来得及听呢,有空再补上。"

"我们学校快要期末考试啦,昨晚我在图书馆复习,不方便听,等我考完了再听吧。"

"没有听,我觉得没多大用处。咱们微商会卖货就行了呀,没必要学那么多技能。"

"昨天晚上加班,9点多才下班,还没听呢,太累了。"

小 A 这时候才真正地感觉到心累。原来自己每一次辛辛苦苦组织起来的培训,准时听的代理根本没有几个。

事实上小 A 的情况并不罕见,在百度上一搜微商代理培训,还能看见图 1-3 中的问题。培训是做微商代理的一个重要环节,培训讲师能够把微商营销技巧统一起来,给大家讲清楚逻辑,让大家把这些技巧熟练地运用起来。所以,所有成员都应重视培训。

> ❓ 我做了微商代理,可是我没有时间去听培训了想找我上家退款

图 1-3 百度上关于微商培训的某个问题

但事与愿违,培训越重要,成员们反而越不重视。一场培训下来,先不说花费的成本有多高,"听"的人数都达不到四成。很多微商团队不温不火,这种状态其实就和培训有关。在统一时间内进行培训,但是能准时听的人却很少,主要有以下两点原因。

1.3.1 那些年,培训讲师做不到的事

"哎呀,那个讲师真烦人,一天天就在群里面讲什么成功学、心理学,

还有商业模式，我只是一个宝妈呀，听这些课对我一点用处都没有。"

这是小 A 在一场培训后，某成员给她的反馈。因为团队里缺乏足够的讲师团资源，在培训时总是显得捉襟见肘，只好高额聘请相关行业的讲师在团队内进行培训。

但是有一些讲师对所有的团队都使用一个培训模式，培训的内容总是泛泛而谈。他们总是介绍一些理论，但一般都实现不了。有时候讲师提供了一个好的思路，但是很多具体的实施步骤都没有提及。成员们虽然听懂了，也知道有道理，但是因为缺乏具体的操作流程，并不知道该怎么做。

讲师培训的内容并不贴近微商团队卖货所需的知识，有时候还不如一些普通成员总结的经验行之有效，久而久之，成员们自然不愿意参加培训了。

当然，有一些团队的讲师团资源还是很丰富的，可以由内部成员对其他成员进行培训。但是这些内部讲师也不一定就能给成员带来一场专业的培训。

有一些团队总会让拿货最多的成员来当培训讲师，但有时这些成员只是拿货比较多，并没有丰富的营销经验。这些成员自己讲得津津有味，其他成员听得昏昏欲睡，双方不仅浪费了时间，还什么收获都没有。

1.3.2 是什么让被培训成员错失了培训机会

培训效果不佳，并不仅是讲师方面出现问题，成员们也有相应的责任。就像是在大学上课，一等的教师很多，但是再好的教师讲课，都会有学生选择逃课。下面来看看成员错失培训机会的原因。

1. 知识水平不达标

我们上学的时候总会遇到一些"学霸"，但更多人还是属于中等水平。有的同学偏科特别严重，比如数学。大家可以发现数学成绩不好的同学，在努力追赶还是没有效果之后，就会选择放弃，在上课时总会做一些其他的事。

做微商也是一样。微商行业的准入门槛较低，对成员们的标准并没有其他行业那么严格。当成员的知识水平不足时，其理解能力或表达能力都略差。于是在参加培训时，这些成员对讲师所叙述的内容无法理解。在私底下向讲师发问，发现讲了半天也没能表达出重点。这样非但没有把自己的问题解决，还浪费了双方的时间。一来二去，自己也就不好意思再提问，对培训的内容更不想接触，于是选择默默"潜水"。

2. 执行力太差

"我不是不想减肥，而是冰激凌、奶茶、炸鸡等太好吃了。"

"我也想运动，坚持每天早上起来跑步，可是天气太冷了。"

相信有不少人听到过这些话，究其原因，还是因为执行力不到位，微商团队成员对培训也是一样的。

现在的微商团队时不时就会对成员进行培训，成员总是以诸多借口不准时听："生病了""失恋了""忘记了"……接下来他们就会想：等明天再补上吧。然而，第二天又有了新的培训，成员不知道该听哪个，最后什么也没听。落下的培训内容有可能在以后都不会再讲，培训内容也在不断更新。这样下去，成员还在原地踏步。久而久之，成员跟不上培训内容的脚步，最后索性全都不听了。

3. 积极性不够

成员缺乏积极性，就像上面有一位代理回复小 A 的内容："没有听，我觉得好像没多大用处。咱们微商会卖货就行了呀，没必要去学那么多技能。"

有些代理在短时期内获得高销售额，于是支持"培训无用论"，从来没有认真听过一场培训，每次都敷衍了事。当然，这种在培训上十分不积极的成员，微商之路也并不会走得长远。

1.4 骨干成员换产品，挖走一半代理

相对于其他行业，微商行业起步较晚。在微商行业发展初期，许多微商团队只重视团队的规模，在团队效益方面较为看轻，于是便不断地采用"人海战术"，抢占微商市场，导致微商团队中一些代理人员出现诚信缺失、销售误

导等现象，这些现象中问题较为严重的就是微商团队骨干代理流失，还会带走一大批代理。

1.4.1　骨干成员"跟人跑啦"

"跟小 A 干了 3 年的代理小 B 换产品了，还带走了一半的代理！"这个消息让微商界很多化妆品代理感到吃惊。因为很多代理都认识小 B，她是小 A 手下的金牌代理，谁也没想到，她会坑小 A 一把。

小 A 的对手 H 产品在微商市场突飞猛进，而小 B 换的代理产品就是 H 产品。事实上，H 产品还挖走了不少其他团队的骨干成员，导致其他微商团队的代理大量流失。

哪怕微商行业的门槛没有那么严格，但是也要"择优录取"微商成员。如今微商市场火爆，不少微商团队更是希望能够招来一些快速投入工作的熟手。同时，面对强大竞争对手所提供的优厚待遇，很多微商团队骨干成员都心动起来。

1.4.2　"逃离"旧团队，还不忘带走其他人

"真是万万没想到啊，这家伙良心都哪去了，同舟共济 3 年了，我一直非常信任她，偷偷换产品也就罢了，但是她还挖走了一半的代理，这一下至少损失 20 万元啊。"说到小 B，小 A 既恨又悔。微商界内的朋友在安慰小 A 之余，也不免后怕，随即对各自公司人员动态进行检查。

小 B 的做法让众多微商团队的管理者深思。核心骨干成员的流失会使团队培训成本升高，团队的服务质量不稳，很难拥有忠实的客户群，从而导致失去客户及市场，还会在经营管理上出现困难。

骨干成员换产品，并且带走大量代理，还会使剩下的代理蠢蠢欲动。很多微商代理就会想："是不是因为这个团队不行了，所以小 B 才换的产品？怎么那么多人都走了？那我要不要也换团队？"甚至会把目前所在的微商团队视为一个没落的帝国，士气低落。管理者在极力挽救，而成员却在考虑要不要换产品，一时间，团队上下人心涣散。

微商团队骨干成员流失，极大地损害了微商团队的利益，并由此加重微商团队其他代理人的流失问题，不利于微商团队的进一步发展。微商骨干成员流失的问题也暴露出了微商团队管理制度的不完善。

第1章
代理式管理并不那么容易

比尔·盖茨曾经开玩笑地说:"谁要是能挖走微软最重要的几十名员工,微软就垮掉了。"这句话并非危言耸听。在微商团队里,想要获得持续发展,首先就是要留住骨干成员,因为他们是微商团队最重要的战略资源,是团队价值的主要创造者。

大多数微商骨干代理都掌握着大量的客户资源,领导了不少零售代理,跟随微商团队经历风风雨雨,一起"打下江山",同时也是微商团队的核心力量。这样的成员一旦出了问题,那就是大问题。

1.5 团队成员长久未开单,消极情绪蔓延

小A是个很勤奋的微商代理,每次团队里进行培训,她都会认认真真听,有不懂的问题也会积极提问。小A每天和客户联系的次数都远远超过微商团队的要求,每天还比别人多花2小时查询客户资料,每天打广告也是最多的,客户引流量很成功。另外,她引流的70%以上客户都是精准客户。

看到这里,很多人可能都会认为这是一个成功代理背后的故事吧,其实并不然。小A做代理已经3个月了,一个单子都没有做成。小A感到十分苦恼,斗志也在逐渐减弱,甚至打算放弃微商代理这一职业。

如今,微商市场火爆,代理越来越多,竞争激烈,像小A一样的代理并不少见。有一些团队成员长久未开单,就忍不住在群里抱怨起来,顺便探探别人的开单数量。但是一旦有了这个开头,往往就会使各种消极情绪蔓延,团队成员纷纷跟风:"哎呀,我也很久没有开单了。隔壁同样是做微商的小H,天天都有快递员上门取件。"大家这么一聊,就会感觉团队里没有做得好的,顿时乌云密布,开始怀疑产品的问题,或者是方法不对等,从而对微商团队产生怀疑,眼看这个团队就要分崩离析。

1.5.1 成员未开单,微商团队责无旁贷

一个优秀的微商团队要正视自己的错误,并修正过来。有一些管理者总是把成员未开单的原因归结为成员能力不足,其实不然。微商团队在某些方

面上同样存在不足,从而导致成员的营销能力下降,造成久久不能开单的局面,如图1-4所示。

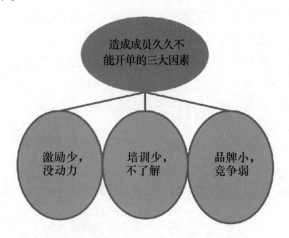

图1-4 微商团队造成成员久久不能开单的三大因素

微商团队的管理多数依靠线上交流,管理者很难了解成员的真实情况,偶尔关心询问也只是不痛不痒地寒暄一下,难以针对成员的需求做出相应的激励。成员们在需求不被满足的情况下,营销产品就会缺乏动力,开单的难度就会加大。

而有一些微商团队在培训成员的专业技巧方面做得不到位,成员因此在客户维护方面做得较差,哪怕成员每天都在辛苦开发客户,最终还是很难实现签单。

当然,产品品牌宣传不足,影响力较小,在同类产品中的竞争力也会比较小。这种情况就像是人们更倾向于在淘宝上消费,而不去一些不知名的小网站上购物。

1.5.2 是什么让微商团队成员如此消极

人无完人,微商团队管理者在管理过程中会出现不足,但成员的自我管理同样不会达到100分。微商团队的成员久久不能开单,也有很大可能是因为自己的原因。而且,成员之间的互动是最多的,当其抱怨自己久久没有开单时,其他成员会因此产生同理心,从而使消极情绪蔓延,挫伤其他成员的工作积极性,降低团队整体的工作效率。下面具体介绍一下引起微商团队成员消极的原因,如图1-5所示。

第1章
代理式管理并不那么容易

图 1-5 引起微商团队成员消极的原因

1. 成员没有正确认识到问题所在

很多微商代理都经历过这样一幕：由于最近忙于其他事，于是在工作上松懈下来，在朋友圈里发的广告就少了。上级来"谈话"："××啊，最近广告有点少了，还是多发点吧，这样才会有客户呀。"代理成员领命后，赶紧去复制了一条文案，在朋友圈里发广告。

在这件事情上，成员能认识到不宣传就不会有客户，也愿意去改正这个错误，但他并没有认识到这是个问题。也就是说，成员不会因此想到要检查广告数量、统计广告效果、广告文案是否需要改变、怎么样发广告才会得到更好的销量等。

因为成员没有正确认识到营销产品的内涵，他会觉得自己已经按照管理者的方法做了，却只能眼睁睁地看着别人大丰收，而自己一无所获。次数一多，就会产生消极情绪，甚至将消极情绪传递给其他成员。

2. 成员对自家产品的各项参数掌握不透彻

微商行业要求的就是专业，足够专业才能获得客户的信任。而产品的各项参数就是微商代理专业的表现之一，成员不了解这些，就不能与客户进行很好的沟通，客户对产品就不会产生兴趣，开单也就更难实现了。

3. 成员自我认识不足

微商成员自我认识不足主要表现在以下3个方面。

微商团队裂变：
快速打造万人微商团队

（1）成员的营销热情只是三分钟热度。有些成员看到其他成员天天都在开单，感到很焦虑，于是暗下决心，要全力以赴地把自己的产品给卖出去。但热情不到三天，决心便不见了，随后再次重复相似情况。

（2）选择孤军奋战。有些成员总认为自己的做法才是对的，把管理者或其他资深成员的意见或建议当成耳旁风，我行我素。成员这种过分自信的心态往往使其很难融入团队，对于营销的任何环节都在孤军奋战，导致其本应可以和其他成员一起开单，最后却只有自己没有开单。

（3）心态不积极。如上面提到的群里消极情绪蔓延的状况，上进的成员会感到焦虑，同样也会有成员不思进取，认为大家都没有开单，也不差她一个，于是对营销产品这件事更为懈怠。这些成员太容易满足，认为自己和其他成员差不多，事实上正在走下坡路，在日后的营销方面也不会有太大的进展，还会把这种"得过且过"的心态传递给其他成员，造成团队整体销售量下降。

本章所讲的五大问题都是微商团队目前面临的实际问题，我想很多管理者也都遇到过。如果我们把这些问题解决好了，微商团队裂变肯定一帆风顺；如果我们不能把这些问题解决好，微商团队极有可能分崩离析。

微商团队裂变是一门重要的学问，不是随便招一些代理，建立几个微商群，培训几天就能形成一个好的裂变效果。很多微商团队就是因为没有正视团队的裂变问题，从而风光不再，甚至销声匿迹。所以，在余下的章节里会教大家如何进行团队裂变，帮助大家打造一个成功的微商团队。

第 2 章　组建微商团队应先找对人

在移动互联网时代,最初微商最大的制胜法则是:得流量者,得天下。谁获得的流量最多,谁就在成功的道路上走得最远。但近两年整改后,微商除了要有流量,还要找对的流量。微商团队不断拓展裂变,但效益却越做越小,原因就是在组建团队的过程中,总有一些人在拖团队的后腿。

2.1 设计团队建设基本架构

通过微信平台,每个人都可以成为微商,想要做到与众不同,除了依靠优质的产品,还要拥有一个优质的团队。一个团队的成立依靠的是合理运用每一个成员的才能,形成不同的组织架构,协同工作,实现共同目标。

团队的基本架构是团队的"骨架",没有它,团队无法成型。而微商团队的基本架构主要分为三个层次,分别是核心管理层、专家顾问层和运营团队层。

2.1.1 核心管理层带你"飞"

核心管理层是微商团队的"大脑",在团队中起着主导作用,是指挥整个团队勇往直前的指挥官,引导团队走向成功的决策者。

一个优质的团队必不可少的是优秀的管理团队,核心管理层在团队中起着不可或缺的作用,优质的核心管理层应该做到以下几个方面,如图 2-1 所示。

微商团队裂变：
快速打造万人微商团队

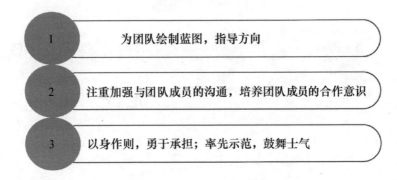

图 2-1　核心管理层的必备要领

1. 为团队绘制蓝图，指导方向

核心管理层的眼光和意识决定了整个团队的发展方向。对于微商团队来说更是如此。在微商团队中，核心管理层要高瞻远瞩，调整发展策略，确定发展方向，为整个团队绘制蓝图，引领团队前行。

例如，某著名微商品牌成立于 2014 年 3 月，他们的核心管理层擅于用长远的眼光看问题。经过观察，他们看准了一个好时机，把自家的产品进行线上销售，抢占了微商发展的先机。通过不断发展，他们在 2014 年 10 月拿下央视春晚倒计时广告。该品牌用一年时间成就了自己，这是很多企业十年才能达到的成绩。而这些收获，正是因为核心管理层具备的超前意识。

2. 注重加强与团队成员的沟通，培养团队成员的合作意识

在微商团队中，核心管理层虽然处于团队的高层，但是也要关爱团队成员。要注重加强与团队成员的沟通，有效了解团队成员的需求，从而促进团队上下级之间的关系。团队是成员的依靠，所以团队成员是希望得到关心的。管理层可以通过关心团队其他成员的性格爱好、身体状况、工作进展等方面，促进与团队成员的感情。

单打独斗的"英雄"方式已经越来越不适合团队发展，目前市场上流行的工作方式就是合作。良好的合作氛围是一个团队取得优异业绩的基础，成员之间相互配合可以提高工作的效率。培养团队成员的合作意识，可以约束成员的行为，形成集体意识。

3．以身作则，勇于承担；率先示范，鼓舞士气

作为优秀的核心管理层，最重要的就是以身作则。倘若犯下错误，就必须勇于承担责任，不可推卸责任或否认自己的错误。正确认识自身的错误，有利于团队更进一步的发展，才能更好地体现团队精神。

核心管理层不仅仅给大家分配任务，自己也要执行。任凭前方困难重重，也要率先示范，克服困难，走在团队的最前面，带领团队勇往直前。核心管理层的率先示范还有利于提高员工的士气，拿破仑曾说过："一支军队的实力四分之三靠的是士气。"在微商团队裂变过程中，核心管理层要始终关注员工士气的高低，这关系着团队的工作效率，士气高涨才有利于团队的发展。

综上所述，核心管理层不仅要提升自身素质，还要注重团队的发展。如何将这样的团队建设理念真正运用到现实中的微商团队裂变里，值得每一位核心管理者认真思考。

2.1.2　专业微商怎么少得了专家顾问层

每一项产品都要在学术、技艺等方面有专门研究或特长的人去钻研，并指导。专家顾问这种专业服务活动是微商团队的"五官"，也是企业专业程度的形象代表，为团队提供技术服务。

微商团队必须依靠专家顾问提升自己的经营能力，而专家顾问主要对以下三个方面起到了重大作用：

1）对微商团队：提升团队运营效率，提高企业成长性。专家顾问是一种顾问服务，是由有着丰富专业知识和实践经验的专家，深入微商团队，运用专业的方法，通过对微商团队进行培训与辅导，协助其建立现代销售系统，从而在竞争中获取有利地位。专家顾问为微商团队提供了专业咨询，团队必然会在实践中得到丰富和发展，促进团队科学管理。

2）对产品：专家顾问对团队产品的文化理念、具体用途、生产结构等都要理解得清清楚楚。对于团队的产品，专家顾问并不应高唱赞歌，而是提出更高的要求，从专业的角度提出自己的建议，为提高产品品质打下坚实的基础，从而使产品品质更优，而这也正是客户愿意看到的。

例如：初心美国能量咖啡研发团队是由美国佛罗里达大学、田纳西州立大学及梁京教授历经十年研制而成的。专家顾问对产品提出专业意见。根据专家的意见，他们采取最先进的低温细胞破壁技术，不损失生物活性，产品有效成分更高。他们的产品达到国际标准，是美国 FDA 认证产品，获得瑞士 SGS 认证、美国最高级别的 USDA 有机认证。

初心团队经过专家顾问的指导，在产品的质量上精益求精，产品效果十分明显。有这样的专家顾问监督着，又怎么会没有好产品出现呢？

3）对客户："选择困难症"是这两年出现的新名词，说的是人们往往纠结于对某一样东西的选择。其实很多人都有"选择困难症"，特别希望有一个旁观者提供专业意见。客户都希望得到专业、优质、全面的产品认识，渴望具有扎实技能及丰富知识的专业人员为其服务，而专家顾问在这方面则具有无可比拟的优势。

专家顾问会以准确的方式，在恰当的时间，向有需要的客户提供合适的意见。例如，某一项美容产品为什么可以达到如此好的保湿效果？它的产品配方主要是什么？要如何使用才能达到最佳效果？专家顾问可以从专业的角度为客户分析，并推荐合适的产品。

专家顾问不仅仅在团队管理中有着重要的作为，更是产品技术指导和为客户解开疑惑的重要支柱。专家顾问能够全方位、快速、有效地解决问题，能够有效地整合整体流程，综合解决团队运营的问题。

2.1.3 运营团队层是主要竞争力

运营团队是微商团队的"四肢"，根据"大脑"的指令，完成营销产品的任务。运营团队主要进行的是产品的运营，包括产品的策划、推广和销售等方面，以客户为中心，引导和加强客户对产品的认知。微商的运营团队又分为总代理和小代理，由大带小，层级分明。那么，运营微商的团队都需要做到哪些方面呢？

1. 提升行业知识，了解产品功能

俗话说得好："知己知彼，百战不殆"。自己代理的产品在行业中排名是第几？同类产品有哪些？竞争对手有哪些？这些都是微商团队成员需要知道的。团队成员都要了解自家产品的定位及内容，表现得足够专业，面对客户和下一级代理时才能占据优势。

第 2 章
组建微商团队应先找对人

2．展现自我价值，做好自身推广

明星的价值是在大屏幕上展现的，作家的价值是在文字上展现的，微商的价值则是在自己的朋友圈展现的。微商让那些本来不想购买产品的客户产生了强烈购买的欲望，并且在买了以后认可产品的作用，并且愿意向别人推广此产品。

产品的推广要根据具体情况和服务对象，制定相应的推广宣传策略，与客户产生互动。我曾看到一家代理保健品的微商团队，推广做得实在是太好了。首先，他们明确产品的客户群体是 16~35 岁的人群。其次，他们为产品设计了一句响当当的广告语，朗朗上口，加深了对产品的印象。最后，在各大平台充分做广告，提高了产品的知名度。

以此看来，微商产品的推广首先要明白产品的特点，才能符合客户的需求，从而进行有度而合理的宣传。而且宣传的方式不仅仅限于朋友圈，还可以使用微博、贴吧等平台进行有效的推广。

3．制造"分身"，与别人成为共同的利益体系

当前，创业的人越来越多，微商也是创业的一种好方法。团队成员可以吸引自己的代理，渐渐壮大团队。团队代理可以是学生、家庭主妇，还可以是有着固定工作却不满足现状的人，只要有想法、有梦想，经过培训，都可以加入微商的大家庭。团队成员可以通过提供产品与代理形成一个共同的利益体系，达到利益上的共识。

微商的运营团队是微商团队裂变的重要部分，就像是蚂蚁群体中的工蚁，没有他们就完成不了工作，更别提收获了。大部分团队成员都在运营这一层次，他们的传播路径广，互动性强，在产品营销中占据了极大的优势。

2.2　招聘微商人才的渠道有哪些

在微商行业，你有了产品，有了概念，有了品牌，最后却发现没有人帮你卖产品。随着众多的实力品牌加入微商行业，微商人才越来越难聚集。但是招聘微商人才的渠道也不少，得渠道者得天下，哪些渠道能帮我们有效地招聘微商人才呢？下面介绍几种常用的渠道。

2.2.1　通过自媒体平台加速传播

在网络传播地位日益重要的今天，自媒体是最具影响力的一种新媒体。自媒体平台上年轻人最多，通过自媒体广告进行招聘，可以为团队注入新鲜"血液"。这一操作的具体流程是微商团队撰写招聘文案，然后联系自媒体平台，达成交易后，广告就会自动发布，从而达到招聘微商人才的目的。

自媒体平台发布的招聘信息，覆盖范围非常广，传播速度也很快。例如，众所周知的今日头条。微商管理者可以根据招聘内容撰写一篇优秀文案，然后在今日头条上推广招聘文案。由于今日头条影响力巨大，具有很强的分享性，所以有利于加快招聘信息的传播速度。

但与此同时，因为自媒体平台的传播速度快，很多团队都会选择这种方法，进而导致垃圾信息泛滥，招聘信息也很容易被淹没。

2.2.2　与名人大咖合作，流量迅速来

如今各大平台的网络红人数量与日俱增，人气高涨。如果团队与名人大咖合作，是一件十分吸引眼球的事情。有名人大咖的帮助，就等于站在巨人的肩膀上，他的"粉丝"都会认识你。微商团队可以通过名人大咖的影响力，宣传团队的文化理念、产品及发展空间等。在名人大咖的影响下，会很容易引进一大批微商人才。

例如，2014年12月，在一场声势浩大的群星演唱会上，某微商品牌花费巨资邀请了郭采洁与鹿晗同台，为其品牌代言。这一次代言影响力巨大，除了极大地提高了产品知名度，两位人气明星的"粉丝"因为爱屋及乌，也纷纷加盟成为代理商。

但是当前市场上，名人大咖的广告报酬较高，与名人大咖合作也就意味着需要投入大笔资金。不仅如此，如果名人大咖一旦出现一些信誉方面的危机，微商团队也会受到波及。因此团队要权衡利弊后再做慎重选择。

2.2.3　通过 QQ、微信、论坛等各大平台招聘人才

通过网络平台招聘微商，是一个快速的方法。搜索 QQ、微信、微博，大量的资源群可以被找到。其中不乏有些人本身就是一名优秀的微商，但是需要更好的发展空间，而团队刚好可以提供这样的条件，就可以把人才招聘回来。团队招聘方式可以选择 500 个资源群，每天在其中的 50 个群里发招聘信息，10 天就可以把招聘信息发完。当然，如果有相关软件辅助可以进行一对一的群发，效果会更显著。要注意，发布的招聘内容必须有自己的特色，要足够吸引人。

团队还可以借别人的鱼塘钓自己的鱼，如与微商相关的培训群合作：在群里每招聘一名代理，就给群主一定利润。因为在这个群里的人本身有信任感，大家又都想学做微商，通过合理的招聘，大量的代理商就会迅速招聘到手。

团队也可以在与微商相关的贴吧里招聘微商人才。在贴吧中发招聘的帖子，标题一定要鲜明，引人注目。内容要丰富，可以写一些微商的经验及利润等，点击量一旦上去，看到的人就会越来越多，招聘成功的概率也就高很多了。

侯某是一个标准的"90 后"，同时也是一名微商代理，平时没事就爱逛逛贴吧，在贴吧中发发帖子。侯某有一次在逛贴吧时，无意看到别人在贴吧中发的一则招聘广告，而且还有不少人进行回帖。这一则广告引起了侯某的注意，侯某由此产生了一个大胆的想法。

侯某精心准备了一则招聘文案，并通过贴吧发表出来。其文案内容丰富引人注意，而且侯某平时在贴吧中经常出现，不少人在看到帖子后纷纷点了进去。最后，侯某在贴吧中招聘了不少可靠的代理，有一些还是经常聊天的老吧友。

在各大平台上进行微商人才招聘，其优点在于人群数量大，见效快。但是需要花费大量的时间投放信息，频繁刷屏可能会被封号或屏蔽，这需要团队合理安排招聘时间与频率。

2.2.4　学会自建培训群，招聘千人不是梦

自建培训群是指团队自创一个培训群，招揽一定人数后，就在群里先教

大家一些方法，建立彼此之间的信任。在这个过程中，群主可以偶尔把自家产品做成案例推荐出去。但是，一定要有实实在在的经验，教给大家的方法也要有效。当人们了解到产品质量有保障，而分享的方法也实用的时候，就会产生成为一位微商代理的念头。

建立一个培训群，团队可以对市场拓展进行"有的放矢"，投入与产出非常清晰，有利于微商对群效果进行分析。如果使用这种方法，培养优质的微商代理需要比较长的时间。而很多代理最迫切需要的是获取巨大的利润，他们不愿意花费太长的时间让自己成为一个优质的代理商。

2.2.5　软文招聘，打动你的心

软文是团队通过花费少量费用，将宣传对象与文章隐性融合的方式，同时也叫作隐性广告。软文招商是效果最好的，原因是团队可以通过把自己的招聘信息巧妙地穿插在文章里面，宣传微商的优势。

软文可以树立微商的美好形象。现在很多微商都有相同的服务，那么人们如何选择团队呢？如果其中一家团队使用与众不同的方法在人们心中形成一个特别的印象，效果是不是就特别显著了呢？这印象就需要通过软文来树立。因为软文的独一无二会给团队创造出一个独一无二的公众形象，为团队树立一个良好的品牌形象，这比很多的广告效果都要好。

在软文的潜移默化下，很容易达到微商招聘代理的目的，引导人们走向微商的道路。软文的发布范围很广，在所有允许发布的网络平台上都可以发布，如微博、微信公众号、论坛等，影响的人群十分广泛，可以迅速吸引人们的眼球。例如，微商品牌满妃集团与某网站合作进行招聘，由该网站工作人员使用软文的形式编写招聘信息。满妃集团能够获得成功的主要原因就是其产品质量过硬，于是在招聘代理的软文中，也突出了其产品的优势，该工作人员描写产品的部分内容如下：

在对满妃的产品产生了兴趣后，我对卖产品的代理做了一个采访，她告诉我说："作为主要依靠微信进行宣传的企业，满妃集团意识到唯有产品质量过硬，才能在消费者群体中赢得良好的口碑，最终形成十倍乃至百倍的裂变效应。假如产品质量一般，即使企业营销做得再好，也难以发展壮大。"满妃集团之所以能够在短时间内借助微信发展壮大，最根本的原因就在于其过硬的产品质量。

第 2 章
组建微商团队应先找对人

满妃集团的产品首选受众广泛，在微信上受关注度自然也就异常高。正所谓有人的地方就有市场，所以受众是市场的基础。任何一个企业如果想要产品在微信上受到尽可能多的关注，拥有尽可能长久的生命周期，就必须最大限度地适应大众的需求。

在激烈的市场竞争中，唯有差异化才是制胜法宝。以满妃集团推出的速倩益生菌酵素为例，它在酵素的同品类产品中，最大的创新就是"五合一组合"。所谓的"五合一"就是在复合型酵素中又添加了益生菌、益生元、蔓越莓及水溶性膳食纤维。这样的组合模式在国内是首创，做到了人无我有。在同样添加了益生菌的酵素品类中，速倩益生菌酵素最突出的卖点是采用了高分子包被技术，就像给益生菌穿了一层保护衣，既可以保存益生菌在常温下的活性，还可以保护益生菌避过胃酸到达肠道，起到调节肠道菌群的作用。

这篇文章通过对满妃集团产品的描述，引起了意向代理的注意，加深了对满妃集团的印象，并对其产品增加了信任。当产品有着过硬的质量时，意向代理又怎么会不心动呢？引流成功是必然的结果。

2.2.6 友情互推，招聘简单

友情互推招商是在一个平台上互相帮助，实现共赢的交换方式。友情互推的方式是在网站或共同平台里寻找同类型的账号，与对方进行长期的友情互推。例如，你在写文章时把对方的信息给加上，同样的，对方在进行推广活动时也捎带上你的团队信息。多个朋友多条路，一定要多认识圈内的人，可以让友情互推的范围更广泛。无论是朋友圈还是微博等方式的互推，威力都很大。因为互推过来的"粉丝"很容易就跨过了信任这道关卡。

通过友情互推招商而添加的"粉丝"，全部是较为精准的"粉丝"。例如，小 A 跟小 B 互推，小 A 的"粉丝"看到小 B 招聘的信息后，如果感兴趣才会去加小 B，所以选择权全在"粉丝"手上。通过友情互推招商有利于互相借力及资源整合，节省彼此的时间和成本。因为在互推的过程中，资源互相分享，节约了大把的时间，也减少了资金的投入。

2.2.7 手机 App 招聘，创意横生

智能手机几乎成为人们与外界联系的主要工具，根据人们的需求，在手

机上开发的 App（应用程序，Application 的缩写）也越来越多。而其中招聘 App 也应运而生，如智联招聘（见图 2-2）、前程无忧等。

图 2-2 智联招聘 App 首页

通过手机 App 招聘微商人才的针对性比较强，有利于团队挑选合适的人才。而且这些 App 资源充足，覆盖面广，团队可以慢慢挑选。可是在这些 App 上进行招聘是要等待一定时间的，招聘效果与质量也有待考量。

2.3 盘点团队成员基本素养

通过各大团队的共同努力，微商在近几年得到了跨越式的发展，在国内营销业处于领先地位。微商的发展依靠的是各大团队不断奋斗，而团队成员的基本素养是团队发展的基本前提，只有具备了良好的基本素养才能适应微商新形势的变化。下面我们来看看微商团队成员都需要具备哪些基本素养。

2.3.1 目标清晰，效率高

在团队发展过程中，没有清晰的目标是一种盲目的表现，也是一种不负责任的态度，很容易造成时间和资源上的浪费。一名合格的微商团队成员要为自己设定一个发展目标，然后持续不断地努力。当团队成员有了明确目标的时候，就会把自己目前的状况与目标不断进行对比，从而清楚地知道自己的工作及目标之间的距离，成员们的工作动力就会得到维持或加强，并且自觉地克服所要面对的困难。

微商团队的成员必须时刻明确发展目标，有的放矢，起到事半功倍的效果。而且，有着清晰目标的团队成员还会把个人目标融入群体目标。在一个优秀的团队中，目标是团队成员的驱动力，成员们总是愿意为自己树立目标，清楚地知道他们需要做什么工作，以及他们如何共同工作才会达到目标。

我曾经带的团队里，有三个成员让我印象最为深刻。她们同时进入团队，之前都没有做微商的经历。

在进行新人培训后，我问她们："在未来一年的时间里，有什么目标需要实现的吗？"小 A 无所谓地说："哎呀，走一步看一步嘛，卖得好就继续做下去挣钱，卖不好再做别的。"小 B 温柔地笑了笑，她说："赚的钱足够平时的支出就行。"听到这儿我有些失望。小 C 平时看起来很文静，这时候却斩钉截铁地说："我要赚够买一辆奥迪 A3 的钱。"

其实在性格上，我最欣赏小 A，她活泼开朗，善于沟通。但是她工作了三个月就退出了，因为做事三天打鱼两天晒网，一直也没有什么收获。小 B 业绩一般，无功无过，但总觉得缺了点什么。小 C 最后却真的实现了自己的目标，买了一辆奥迪 A3。不仅如此，还赚到了一套房子的首付。

因为小 C 有一个明确的目标，才为自己的行动提供了动力，在实现目标的道路上越挫越勇。漫无目标或目标制定不准确，则会阻碍大家前进，最终有可能一事无成。

2.3.2 熟悉工作技能，为客户提供优质的服务

一个优质的团队往往由一群高效率的成员组成。成员的高效率来源于他们对自己工作中的业务流程十分熟悉，对自己代理的产品有全面的认识，如产品的文化理念、具体用途、生产结构等，从而可以准确地给客户推荐产品。只有熟悉了工作中所需要的技术和能力，才能把任务出色地完成。

小美代理的微商产品是各种各样的小零食。一次，一位客户说要给自己60多岁的父亲买一些小零食，在交流时，小美知道客户的父亲喜欢吃辣的食品，就推荐了一份辣椒圈。随后还了解到客户最近嗓子不好，小美又给客户推荐了梨汁。后来，客户说自己家地址时，小美发现离自己这儿不是很远，便提出亲自送货上门的服务。客户直夸小美，不仅专业，服务也好，最后索性多买了几份小零食。

小美专业的服务是建立在对自己工作熟悉的基础上的，再针对客户不同的需求，给客户提供最适合的产品。正因为小美对工作熟悉且专业，于是获得了客户的认可，在交易量上也得到大大提高。

2.3.3 沟通能力好，交流没烦恼

卡耐基说："一个人的成功，只有15%归结于他的专业知识，还有85%归结于他表达思想、领导他人及唤起他人热情的能力。"这句话里的85%指的就是沟通能力。沟通是指双方或多方之间信息交流的过程，在这个过程里，良好的沟通能力有利于双方或多方之间准确地传达信息，并达到沟通的目的。微商团队成员一定要具备良好的沟通能力，这样才能与客户进行有效交流，最后完成交易。

沟通能力良好还包括谈判技巧与建设性交流两个方面，熟练运用谈判技巧可以减少分歧，促进微商团队成员与客户达成一致。而在微商团队里，成员面对所要探讨的问题不要避而不谈，而是把自己的观点鲜明而直接地表达出来，这是一种有效的建设性交流，可以促进团队的发展。

2.3.4 灵活性强，问题随手可解决

微商行业竞争激烈，问题源源不断地出现，客户也随时有可能变动。为

了解决这些问题，团队成员必须具备应付这种情况的能力，也就是具有一定的灵活性。例如，为了应对各种情况，团队会不断地进行调整。团队成员的灵活性这时候就发挥了重要的作用，它能够使成员不断适应新的环境。

某微商团队成员小A，工作积极主动，吃苦耐劳，但是销售情况一直不理想。小A的上级H发现这种情况后，时不时地对小A的营销过程进行监督，发现小A做错的地方就及时进行指导、纠正。小A充分学习了H教导的经验，在以后的营销中，遇到同样的事情已经知道怎样去处理了。

后来H跟小A交流的时候，发现小A在给客户打包的时候不仅仅是按照下单要求去打包，还会考虑怎样打包速度比较快，怎样打包比较好看，以及怎样的打包方式会把产品保护得比较好等。H觉得小A已经蜕变了，在学习中将知识灵活地运用起来了。

在微商团队中，做事的方法不能完全依靠别人教，有很多好的营销方法都是靠观察和用心去学的，然后将好的方法灵活地运用到工作中，就可以提高工作能力和效率。

2.3.5 积极倾听并尊重他人，交流更显成效

微商行业多属于线上销售，通过屏幕与人交流。在这种情况下，团队成员难以对客户的需求做出正确的判断，从而制订出有效的推荐方案。所以，积极倾听客户的想法是微商获得客户信息的有效途径。在倾听客户的想法时，团队成员可以发现说服对方的关键，为说服对方提供了契机。当客户充分感受到了团队成员对他的尊重，会更乐于接受团队成员的意见。

不仅仅面对客户，在团队里也是一样，为了有效地沟通和解决问题，团队成员需要先倾听再表达，尊重彼此，从而使交流更富有意义。

2.3.6 成员之间相互依赖与协同

大雁队伍飞行时大多呈"V"字形，并且会定时更换有能力的人雁作为领导者。"V"字形可以减少一定的飞行阻力，按这个队形飞行的雁群比独自飞行的大雁可以多飞12%的距离，这就是团队合作的力量。

微商能够发展壮大，依靠的就是每一位成员的通力合作。除了个人能力，每一位成员还要依靠与其他成员的合作，才能更好地完成工作。例如，成员们友情互推名片与产品，相互之间交流销售经验。

团队成员之间有良好合作的精神尤其重要，但这却常常被人们忽视。有超强技术与能力的人并不一定能取得成功，而一个成功微商必须有一支优质的团队。

成员之间从不合作的团队往往难以很好地完成任务，势必拖累项目进程。只有成员之间相互协作，才有利于提高微商团队的工作效率，保住团队的项目成果。除此以外，团队合作还可以集思广益，提高团队的整体创新能力。

2.3.7 适当地进行信息共享，提高资源利用率

微商团队发展过程中，成员们或多或少都会积攒一些自己的经验。团队成员要分享自己的信息和资源，协调彼此的各项活动。团队成员有义务向其他成员提供信息，传授经验，特别是旧成员与新成员之间，更要进行知识的分享。

在某些团队中，成员害怕别人夺走自己手上的资源，或是业绩超过自己，于是彼此之间从不交流。于是，旧成员没有进步，新成员一窍不通，最后整个团队因为没有竞争力而分崩离析。信息共享有利于建立团队之间的信任，大家的工作目标也便于一致。不仅如此，团队之间进行信息共享还可以减少人们在工作中常犯的错误，从而节省了时间，减少经济损失，提高了资源的利用率。

信息共享不仅仅局限于正式的会议上，还可以体现在日常生活中。在日常交流中，成员们的交流更为轻松，所交换的信息虽然比较随意，但依然有利于其他成员及时获得工作所需的信息。

微商属于一个新生事物，相比于自己摸索，成员们之间相互交流会更专业。因此，某著名微商品牌为了让团队成员们更好地做微信营销，会通过线上线下活动组织成员们进行经验分享。这一举动使旧成员在大会上尽情分享经验与心得，而新成员不断地汲取知识，为产品的营销奠定了更好的基础。

同时，该微商品牌的团队还根据成员的需求建立了不同的微信群，如使用素材群、产品宣传推广群、代理商相互交流群等。成员们在群里可以学习更多的知识和技能，从而出色地完成自己的工作。

2.3.8 定位自我角色，进行自我管理

微商团队里的每一个成员都根据自己的工作内容担当着不同的角色。团

队成员要对自己的角色进行定位，明白自己的使命，并承担起相应的责任。例如，领导者往往担任了教练和后盾的角色，他们对自己的团队提供各方面的指导和支持。他们要鼓舞团队成员，挖掘成员们的潜力。而其他成员可以把自己定位为在一线奋斗的工作者，坚守自己的岗位，为团队带来更好的发展。在角色定位过程中，成员可以思考自己能为团队贡献什么，让自己和团队一起走得更远。

人无完人，团队成员在自己所担当的角色里也会犯下错误，这时候就要进行自我管理，勇于承担责任。承担责任其实就是在进步，勇于承担能改善自我，加快自己成长的脚步，在未来发展中更为踏实。

2.4　打造高效团队，彰显领导魅力

团队的成员都不是为团队量身定制的，能力自然也就参差不齐。要打造一个高效团队，就要积极改善团队中的"短板"，如此才能提高整个团队的业绩。

优质的团队少不了优秀的领导，优秀的领导往往除了管理能力突出，还要能让团队成员心服口服。这就需要管理者充分彰显自己的领导魅力，让团队成员在被管理的过程中对管理者还保持一种崇拜的心态。

2.4.1　让团队绩效提升三倍的四种方法

据说某支军队将士兵分成四类：聪明却又懒惰的人可以当上军官，聪明且勤快的人可以当参谋，愚蠢且懒惰的人可以当士兵，最后一种愚蠢却勤快的人却什么职位也没有。这种说法虽然有失偏颇，但是也在某一方面说明了一个高效团队的管理和用人两方面的原则。

微商团队不仅肩负着创造效益的任务，更肩负着展现微商精神的崇高使命。打造一个高效团队，要做到以下四点，如图 2-3 所示。

微商团队裂变：
快速打造万人微商团队

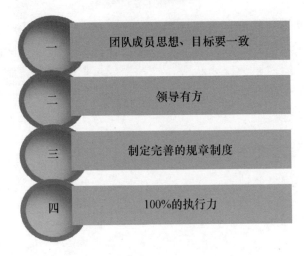

图 2-3　打造高效团队的重要因素

1. 团队成员思想、目标要一致

要想打造一个高效团队，首先要把团队的总体目标紧密结合到团队里每一位成员的个人目标中。例如，某微商品牌 2018 年销售额要达到 10 亿元，那么团队所有成员都要围绕着 "10 亿元" 来分解自己的目标，并且执行。只有把大家的精力集中，共同前进，才能完成总体目标。相反，没有共同目标的团队是一盘散沙，思想达不到一致，就像 "老和尚撞钟——得过且过"，这样的团队无法取得好成绩，也不能成为一个优秀的团队。

综上所述，思想和目标保持一致，是一个高效团队完成共同行动的必要因素。只有在思想上统一，目标上一致，才能做到凝心聚力，打造一支高效的微商团队。

2. 领导有方

一个高效团队需要一个好的管理者来带领。管理者要善于激发团队热情，随时给团队成员注入力量和信心，让成员们斗志昂扬地去冲刺目标。而在让团队成员勇往直前的时候，管理者也要充当其精神支柱，让团队成员感觉到背后有支撑的力量。

身为团队的领导，一定要做到公平公正。每一项成果都是成员们经过吃苦耐劳、艰辛拼搏而获得的。所以，成果的分享要根据公平公正的原则，否则容易造成团队成员的流失。不仅如此，成员们犯了错误也要一致对待，不能特别偏袒或加重惩罚某些成员。

管理者要"慧眼识英雄",用欣赏的眼光去发现成员的特点,然后根据每位成员不同的特点,安排成员做相应的工作。管理者还要懂得因材施教,用合适的方法对待不同的成员,挖掘成员的潜能。

3. 制定完善的规章制度

"不以规矩,不能成方圆"。微商团队要制定一个符合团队的制度,使团队规范化、制度化。团队制定一个规范的规章制度,赏罚分明,可以有效地调动成员工作的积极性,自愿把工作做好,适应微商当下的发展。

例如,可以制定一个绩效考核制度,如一个月卖了50盒产品会有500元的奖励,但是抢同事客源就要进行罚款。这样才能保证团队工作正常而有序地运行,保证工作有章可循。

4. 100%的执行力

相信大家都听说过"90%的玄机":$90\% \times 90\% \times 90\% \times 90\% \times 90\% \approx 59\%$。

团队是由许多成员组成的,如果每个成员都完成了当天工作量的90%,乍一听觉得完成得很不错,但事实上,这些看起来做得还不错的工作,最终的完成率就只有59%,甚至会更低。这个等式告诉我们,要想打造高效团队,执行力必须是100%,执行的过程没有打折。

执行力是工作落实程度和目标实现能力的体现,坚决执行决策是高效团队的关键行为之一,如果团队成员不以积极的心态面对工作,团队就很难出色地完成任务。

给大家分享一个故事。A姐曾经犯过一个执行力不佳的错误,还承担了一笔小损失。大家都知道,微商的交易通常是使用微信或支付宝付款,但是也有少数人选择代收货款的方式。代收货款就是商家把产品交给快递公司,快递人员在把产品交到客户的手里时,货款才会通过快递公司返给商家。

A姐与某位客户交易时,客户要求用代收货款的方式交易。当时,A姐并没有立刻发货,而是过了三天以后才把产品发出去。过了一个星期,客户还没有收到产品,觉得这个团队太没有效率,于是要求退货。

由于A姐执行力不到位,不仅把货发了,收不回钱,还承担了来回两笔快递费用。A姐经过这次教训后,吸取了经验,以后再也没有犯过这样的错误。

做微商最重要的就是执行力,如果没有执行力,每天只是发发朋友圈,对客户爱答不理,也是不会有客流的。微商行业不缺好方法、好指导,缺的是100%执行力。只有执行了以后,学到的东西才是自己的。如果微商团队成员总是懒洋洋的,不把任务执行到位,那还是赶紧转行吧。

2.4.2 塑造领导魅力,微商团队管理畅通无阻

领导魅力是指管理者对成员与众不同的吸引力和影响力。在微商团队中,管理者往往需要充分发挥感染力,从而激发成员的工作动力。领导魅力能够激发团队成员的信心、信任,有利于管理者的管理。领导魅力可以提高下属的自我效能感,这在危机管理中尤其重要。在微商团队里,塑造领导魅力往往需要六大因素,如图2-4所示。

图2-4 塑造领导魅力的六大因素

1. 资历

资历也就是履历和阅历。资历可以分为两个方面,其中一个是在职时间的长短。虽然并不能肤浅地认为:一个管理者在职时间越长,则该领导的权威性越高。但是一个资历深厚的管理者,往往也有利于威信的培养。如果管理者在职时间比较长,下属往往也会对他比较敬重,也就比较容易接受这个人的领导。所以,一个人的资历可以直接影响其在下属心中的地位。

另一个是知识的深度。知识的深度往往影响了一个人的阅历。如果管理者精通行业的业务知识,同时还具备丰富的管理知识或其他的相关知识,下

第 2 章
组建微商团队应先找对人

属就会不由得对他产生一种崇拜。一个优秀的管理者，应当既重视实践经验的积累，又重视知识水平的提高。知识渊博，经验丰富，其领导魅力必然也会加强。

例如，某著名微商品牌华南区新来了一个总代理。总代理虽然年纪较小，但是却长期从事领导工作，而且担任过多种职务，还是某名牌大学毕业的。于是该地区的员工们也就自然而然地对她产生了一种敬重感，她从事起管理工作来也是信手拈来。

2. 品格

品格是指管理者的品行、人格等。培养人格魅力是一个长期的过程，需要日积月累形成高尚的品格。管理者具有高尚的品格，很容易让其他成员对其产生一种敬爱感。就像古时候征战沙场的将军，往往更容易比朝中宰相受爱戴，这也是因为他们的品质让人感动。

3. 才能

一个人的才能其实是一个综合因素，它是管理者各方面的统一体，是领导在实践中的具体表现。一个管理者的才能不仅仅体现在对下属的领导上面，还体现在对事物的判断力和创新力上面。

一个管理者才能的高低，是其是否能胜任该工作的重要条件之一。才能是领导魅力的一个重要因素，所以管理者要不断提高专业技能和自身素养，对事物进行观察，对结果进行分析，严格要求自己，从而督促自己提升各方面的能力。

4. 情感

情感不仅仅是一种态度，还是一种能力。当前，人们越来越重视管理者的情商在管理过程中所起的作用。有一项研究表明，管理者的成功因素分为情感与智力，二者之间的比例是 8∶2。这说明情感在塑造领导魅力中的重要性。值得一提的是，管理者良好的情感因素，有利于建立良好的人际关系。

情感包含情绪，管理者要有很强的情绪控制能力。一个管理者情绪的好坏，会影响到团队成员的工作效率。所以，想要塑造领导魅力，要管理好自己的情绪。所谓管理情绪，就是根据不同情况，情绪可好可坏。例如，下属犯错却屡教不改，这时候脾气就可以适当地"坏"一些。

情感还包括了激励，一个受到管理者激励的团队一定是一个有战斗力的团队。战斗力体现在成员们面对工作时勇往直前的态度。领导应当经常激励成员，让成员用战斗力去实现自己的梦想。

5. 行为

管理者的行为会无意中得到下属的模仿，所以管理者一定要为员工起到表率作用，以自身行为做准则。当管理者的行为受到员工的肯定时，领导魅力重要的一环也就完成了。

身为管理者要以身作则，在行为上约束自己，做一个规范的领路人，长久下去，下属在行为上也会追随管理者的脚步，学习如何约束自己，形成良好的行为习惯。

管理者要勇于担当，不仅仅是担当责任，更要以担当的心态去实现目标。担当责任，不仅是承担事情的后果，更是撑起团队的一片天。团队精神的"龙骨"就是有担当，以担当的态度去工作，领导魅力也因此而绽放。

6. 管理

管理者要想塑造自己的个人魅力，就要从管理做起。管理者在管理上要刚柔并济，恩威并施。既要用公司的规章制度约束下属的行为，又要以理服人，并且对员工表示适当的关心，使下属信服。管理者要灵活运用管理技能，并从以下几个方面做起：

首先，管理者要深入了解团队成员，从他们的日常表现了解每个人的性格及能力，发现下属的优点，用人长处。下属需要管理者的肯定和鼓励，管理者应该量才器使，使每一个员工在自己的领域都有可能成为最优秀的人才。

其次，管理者不管对人还是对事都要一视同仁。身为管理者，不能因为偏爱某些下属，导致其他成员心理不平衡，挫伤其他成员的积极性。管理者应当把所有的员工都当作公司不可缺少的一分子，杜绝出现"特权群体"。

最后，利用一切机会培养人才。身为管理者，不能害怕下属的风头盖过自己。塑造领导魅力，需要管理者从长远角度出发，把自己的下属培养起来，这无论对自己还是对下属的职业生涯都大有裨益。倘若管理者不能从大局考虑，只顾个人得失，最后反而会失去人心。

第 3 章 组建核心团队，明确四大分工

未来的微商发展有两个核心发展点，一个是产品，另一个是团队建设。在移动互联网快速发展的时代，仅凭自己一个人的力量是做不到把微商发展强大的。在众多微商中，能够真正获取利润的团队，都是组建了一支分工明确、各就各位的团队。有了这样一支团队，团队管理者才能轻松获益，带着团队取得更好的发展。本章将让大家了解组建微商核心团队所需的四大分工。

3.1 文案：设计产品宣传，规划线下活动

在这个电商纵横的时代，文案因为极强的宣传能力，已经被赋予了新的含义。如今文案代表的是通过文字来体现的创意和想法，主要起着为团队进行宣传或规划等作用。打造一个优秀的微商团队，就需要一个优质的文案来为团队造势。另外，微商正在不断地往线下发展，线下活动的规划也需要文案相助。

3.1.1 撰写微商文案的四大要素

文案的撰写要求严格，通过文案，我们可以赋予产品一个新的形象，给客户带来新体验。那么，一个完整的文案需要哪些因素呢？

首先，撰写文案要紧扣主题、准确规范。文案要根据主题来表达想法，有效传播主题的含义。如果偏离了主题，那么这个文案也没有什么意义了。

准确规范是所有文字撰写的基本要求，更别说用于商业用途的文案了。在文案中所使用的语言要标准，避免产生歧义，而且还要通俗，不能让大众产生"云里雾里"的感觉。

其次，撰写文案的语言要简明精练。人们往往都缺乏耐心，所以文案的表达要言简意赅，以尽可能少的文字表达出精髓，将无关紧要的叙述都去掉。而且简短有力的文案，往往令人印象更深刻。

再次，撰写文案要把创意表现出来，整体生动形象。有想法的文案往往不会被人忽视，所以文案应该新颖而生动，必要时可以用一些图片加以辅助。

最后，撰写文案的文字最好优美流畅，这样可以很好地体现主题和创意，从而增强广告的效果。

一篇完整的文案只要符合以上四个条件，必定引起人们的关注，成为一篇出色的文案。出色的文案可以有效地推广微商产品，还可以在微商发展线下活动中起到辅助作用。

3.1.2 微商文案六大形式，你做到了几个

在微商行业中，产品第一，文案第二。微商目前主要依靠线上活动，文案是否鲜明出色，直接影响着产品销售量。所以，想要使产品得到好的宣传，就要从文案下手。

微商的发展速度快得超乎想象，为了符合微商的发展，线下营销已经成为微商的必然趋势。线下营销可以让微商团队与客户或意向代理进行面对面的沟通，有效解决线上营销难以获得客户信任的问题。而文案可以极力促成线下活动的举行，加快产品的成交速度，让微商团队从被动变为主动。打造一个好的微商文案，让微商团队在线上或线下都能使用，主要通过以下六种形式，如图3-1所示。

1. 共享社会热点或生活乐趣

人们的"八卦"心态从未停止过，所以微商要时刻关注互联网上出现的热门话题，分享到朋友圈，利用热门事件吸引大家的眼球，再加以自己的分析。长久下去，朋友圈也会成为一个小新闻聚集地。

第 3 章
组建核心团队，明确四大分工

```
1. 共享社会热点或者生活乐趣
2. 创造话题，互相讨论
3. 分享咨询求助，展现专业知识
4. 分享产品的新闻和客户见证
5. 分享产品的实用价值
6. 通过文案开展活动，提高知名度
```

图 3-1　微商文案的六大形式

例如，近几年不少电视剧都以女性作为话题，讲述女性如何在艰苦的环境中获得成功。其实，这个话题也是非常符合大多数微商代理形象的。因此，在某一部受到大众欢迎的这种类型的电视剧播出之际，微商的文案就可以这样写：

为什么×××（主角名字）最后能成功？因为从一开始，所有人都在给她制造麻烦，都在逼她走向绝路。然而，绝处逢生，到绝路的时候便是她翻身之时。我们如果不逼自己一把，永远都不会知道自己能做得多优秀。

这一文案利用时下热门电视剧，在点评了电视剧主角的同时，还顺便阐述了做微商需要毅力，不失为一个好文案。

除此以外，还要时常分享一些自己生活的状态或乐趣，让大家觉得所看到的是一个真实的代理，如出去游玩、吃大餐等都可以发布。

2. 创造话题，互相讨论

代理可以在朋友圈中发表一些话题，让大家参与讨论。话题要抓住自家产品的特点，从而在讨论中把产品宣传出去。

根据这一特点，小 A 就曾经这样写文案：

跟一个朋友出来逛街，朋友拿着某品牌的新款手机出来炫耀，还告诉我，刚刚贴的手机膜要 200 元。我惊呆了，觉得太贵了。朋友不以为然，觉得好手机就要好好保护，贵一点也不要紧。可是，朋友，我想说，你平时一边贴着几元钱的面膜，一边嫌我们家的产品太贵，你怎么不好好保养一下自己的脸呢？你们大家觉得呢？我该说什么呢？

微商团队裂变：
快速打造万人微商团队

这篇文案互动性强，也戳中了很多人的痛点，不少好友参与讨论。经过一番讨论，不仅宣传了自家产品，还额外收获了几笔交易。

3. 分享咨询求助，展现专业知识

产品的宣传怎么能少得了答疑解惑这一环节呢？没有人会购买一个自己并不了解的产品，这个时候就需要代理们给予帮助，解决问题。分享你对于产品的专业知识，可以塑造一个的"专家"身份，让大家认可你的专业能力。例如以下这个文案：

医学证明：做线雕提升3次，能够有效改善整个脸部轮廓，实现逆龄生长。而有调查显示，现实中的女性，10个人中有6个人对医学美容感兴趣，3个人知道价格后舍不得，2个人觉得做一次效果不明显，可能最后只有1个人坚持做了医学美容。

请大家理性对待皮肤的抗衰规律，多年的缺失，想要一次补回来，是不可能的。

只有不断地、循序渐进地、慢慢地、一点点地补，才能更好地抗衡岁月，从而达到真正的逆生长。

4. 分享产品的新闻和客户见证

微商行业发展迅速，新闻媒体也时而报道。倘若自家产品发展趋势较好，在某一些新闻中获得肯定，这是一定要写在微商产品文案里宣传的。

归根结底，文案的根本还是推广产品。但是自己产品有多好，光凭自己说是不足以让人信服的。但是如果有第三方作为宣传代表，效果比自己一个人宣传好很多。所以文案宣传中，还要多分享客户对产品的效果反馈或使用心得，偶尔还可以写关于订单量的内容。这样的分享不仅是展示产品的好机会，还可以刺激潜在客户。这样的文案往往是文字加截屏图的形式，就不多做介绍了。

5. 分享产品的实用价值

做微商这一行，产品才是硬道理。微商渠道卖产品，产品的卖点一定要一目了然，而最好的方式就是通过挖掘客户痛点需求将产品铭刻到客户的心里。

裸香内衣的创始人张铃玉小姐曾在新闻上面看到一组数据：全球每年有

第 3 章
组建核心团队，明确四大分工

200 万名女性患乳腺疾病，全球每年有 50 万名女性死于乳腺癌，每 26 秒就有一名女性被诊断出患乳腺癌，几乎每一秒钟有一名女性死于乳腺癌。

她当即意识到这是多么惊人的一组数字。同时，有多年内衣行业从业经验的她也从这组惊悚的数据中看到了一个商机：假如这个世界有一种内衣，能够从日常对女性乳房进行养护，保护女性乳腺健康，那么这款产品一定具备非常巨大的市场潜力。

几乎是在相同的时间，抱有同样想法的还有代娟和杨玉杰女士。三人经过简单的交流之后觉得市场上必须要存在这样一款专门针对女性乳腺健康的内衣产品。三人一拍即合，立即做了大量的市场调查，从面料开始，到无钢圈无硅骨设计的可行性分析，再到肩带承托力测试。

经过数年产品研究和样品测试，她们最终确定了养护内衣的产品设计。产品出来后，还缺一个响亮的名字，三人苦苦思索，最终在一千多个名词下确定了"裸香内衣"。确定了名字后，三人就开始组建市场团队和销售团队。同时，围绕裸香养护内衣开展品牌营销和渠道销售策划，以及广告宣传计划等后续工作。裸香内衣优质的产品及出色的文案宣传使这个品牌在市场上一炮而红，其文案之一内容如下：

裸香健康养护内衣强调对女性乳房的释放，强调乳房零压迫感，促进乳房血液循环，保持乳腺健康。所以裸香内衣系列的产品也称为"乳腺最好的保护伞"。选择裸香内衣，让它罩你一辈子。

文案中鲜明的痛点诉求不仅明确，更能加深客户的"记忆点"。相信很多客户看了这则文案，都会为自己的乳房着想，购买裸香内衣。

6. 通过文案开展活动，提高知名度

开展活动的微商文案往往是宣传效果最好的，一般采用集赞或转发送礼品等方式。这种文案往往对客户具有很强的吸引力，参与方式一般也比较简单。文案写法可如下所示：

今天和大家一起玩个游戏吧。

红包来袭！准备好接住了吗？大家用微信帮忙群发信息，就可以领红包啦！加我微信：6969（6969 为示例微信号）。

群发 100 人可以领红包 0.66 元。

群发 500 人可以领红包 6.66 元。

群发 800 人可以领红包 16.66 元。

群发 1000 人可以领红包 26.66 元。

规则：群发给朋友后截图给我，到我这里领取红包。

活动真实有效哦，只限今天。

这段微商文案不仅仅只是获得好友转发，还能把看过这个文案的人沉淀为好友，达到产品推广的目的。

人都是感性动物，一篇微商营销的文案必须要"走心"，让客户感受到你的真诚，得到客户的认可。同时，微商文案还要生动形象，充满画面感，这样才能调动客户的感官，让客户对产品有更充分的了解。通过以上六种方式策划出一个好文案，帮助微商团队成员激活客户，从而达到营销的目的。

3.2 设计师：视觉呈现，便于代理复制

微商代理的基本日常工作就是通过发朋友圈而展现产品信息。在朋友圈中，微商文案是不可或缺的，但是客户看文案时往往都是先看图片。就像大家去各大电商平台上购物一样，首先就是选择好看的图片点击进去。微商也是这个道理（见图 3-2），出色的产品图片更容易吸引客户，再通过文案的叙述了解产品，进而达成交易。

图 3-2　微商设计的作用

人们所追求的视觉效果会转化为购买欲望，朋友圈里的产品图片就是一个宣传广告，是获取客户的重要方式。微商行业中许多成员由于自身的条件和时间问题，都不会自己作图，没有一些出色的图片作为装饰，是无法给客户造成冲击力，也就得不到客户的关注。因此，设计师要在作品优秀的基础上，做出

便于代理复制的图片内容,让代理将其复制和粘贴到自己的朋友圈中。

3.2.1 微商图片设计四大视觉手法

在图片设计中最经常被使用到且经常被人提及的四大视觉手法分别是对比(Contrast)、重复(Repetition)、排列(Alignment)、亲近(Proximity)。视觉手法是设计师辅助和表现图片里的主题及自己的创意的重要手段,能让微商成员更快地抓住客户的注意力。通过这四个视觉手法,微商设计师可以做出一个较为全面的设计效果。

1. 对比(Contrast)

英国皇家艺术协会的名誉皇家产业设计师扬·奇肖尔德(Jan Tschichold)曾提出一个观点:"对比是所有平面设计中最重要的元素。"在设计微商产品图片的过程中,微商设计师需要找到一个对比点,然后使对比的两个元素形成两极化。对比点可以是颜色深浅、尺寸大小、效果和字体形状等方面,如图3-3所示。

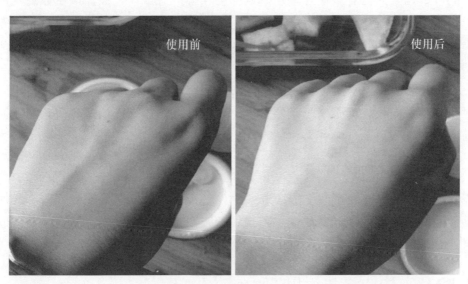

图 3-3 某产品使用效果对比图

图3-3中,产品试用前后有一个鲜明的对比,而图片背景和其文字颜色也是一种对比,可以成功地吸引客户的注意力,可以说是将对比手法运用得

较好的一张图片。

2. 重复（Repetition）

重复是微商产品图片设计中一种非常直观的手法，当图片的内容重复时，其产品的信息、数据及图片所传达的含义都能直接呈现给客户看，让客户能够一目了然。例如，世界奢侈品牌路易威登（Louis Vuitton，简称LV）的产品，就是通过不断重复其商标形成一种风格，做到了设计中常说的视觉统一。

重复并非是一成不变的单调，而是用少数的元素迅速形成图片中的产品想要传达的内涵。

3. 排列（Alignment）

在微商产品图片设计中，排列是一种常见的排版方式。排列方式的一个重大作用就是引导视觉，让微商产品图片形成一个系统，让客户在产品信息图中找到平衡点。

图片的风格应该体现出产品的整体风格，如果产品幽默有趣，就不能用充满严肃元素的内容来误导客户，这样会让客户对微商设计师产生怀疑。例如，一些微商成员代理的产品是玩具，其中有一些产品的特点是数量多，专治强迫症，那么其发表的图片就可以把这些玩具排列起来，让强迫症人群从图片中获得愉悦的感觉。

有些图片看似平淡无奇，但往往都能给客户带来很大的视觉冲击力，同时给其他微商设计师带来无限的学习空间。所以，大家应该多多留意朋友圈的图片，说不定下一幅优秀作品就会出现在你身边。

4. 亲近（Proximity）

亲近是指时间或空间上的接近，也就是指微商产品图片上元素内容之间的关系。我们把几个元素放在一起形成一张图片，这些元素之间必然是有联系或合理的。

3.2.2 字体选择与运用

字体也是微商设计图片的重中之重，每一款字体都有其独特的风格，在视觉上给人们带来的冲击程度也不一样。例如，常用的正文字体之一——宋体，就给人带来高贵、传统的感觉，而且容易识别，易读性也比较高；还有

第 3 章
组建核心团队，明确四大分工

一种字体——黑体，一眼望去，既简约又现代，给人一种醒目的感觉。选择正确的字体会让图片加分不少，相反，选择不当则容易使图片效果大打折扣。

对图片阅读的难易程度，是选择使用和安排大小字体首先要考虑的重要因素。字体太小，客户阅读较难；字体太大，客户会感到厌烦。因此，在制作图片的时候应该不断测试最合适的字体，使图片整体望去不仅赏心悦目，对其内容也可以一览无余。

例如，有的微商设计师在设计微商产品海报时，需要给客户极强的冲击力，所以字体设置应该是有型、醒目且足够大的。而有一些微商产品图片里要介绍一些文字信息，字数较多，就可以把字体设置得小一些，但要清晰易读，并配上一定的装饰，如图3-4所示。

图 3-4 某产品对其功能的介绍图片

其实，每一种字体都有其独特的个性和情感，它们或传统或潮流，或友善或严肃，微商设计师想要判断字体的特性及其是否适合放在图片里，最好的方法就是列出图片所需要呈现的特性，把内容方向确定下来，进而挑选字体来配合图片对产品进行宣传。

3.2.3 排版方式及故事元素

微商图片设计中，排版是最需要科学严谨的，如配图的数量。众所周知，朋友圈的图片最多能发 9 张，发不同数量的图片会有不同的排版，所以为了美观，排版时图片尽量使用 1 张、2 张、3 张、4 张、6 张或 9 张图，这样可视化较强。

有一些微商成员觉得这样的排版方式限制了设计师，会让图片的排版变得理性且没有人情味，不能随心所欲地发挥自己的创造力。其实并不然，在这些排版方式里，也可以创造更多的版式，配以设计的文案信息，将收获更多惊喜。

比例也是排版中不可小觑的重要因素，毕竟不少伟大艺术作品都是运用黄金分割比例原理而完成的，如埃及的金字塔、达·芬奇的《蒙娜丽莎》等。在微商图片排版时，合理运用图片比例，能让图片整体美感上升，在视觉上给客户带来享受。

微商图片设计四大视觉手法、字体选择与运用、排版方式都是从微商设计专业上作为出发点，而故事元素强调的是微商产品给客户带来的内容。把故事元素通过图片的方式传达给客户，使产品介绍更简洁易懂。

3.2.4 朋友圈配图的四个角度

微商代理都应该知道，朋友圈的图片就像是我们自己的穿衣打扮，需要装饰。虽然有了好的素材，但是也不能随便乱用，所有的图片素材都应该建立在以下四个方面的基础上，才能让产品的宣传事半功倍。

1. 吸引力

人们对图片的感知能力远远大于对文字的感知能力，如某些特定的场景就能在很大程度上吸引客户的注意力，不仅不会引起客户对广告的反感，还能加深客户对产品的记忆力。

2. 情怀化

根据产品的特性确定相应的产品图片情怀。例如，产品根据年龄来划分类型，"70 后"客户群体所生活的年代物质匮乏，对幸福这一概念的空缺较大，这时候产品图片应该显示出"幸福"这一情怀。而"80 后"和"90 后"的客户群体崇尚的是自我，并且获得肯定，微商设计师就可以从这个角度出发去制作产品图片，突显"自我"的情怀，满足客户的心理需求。

3. 互动性

微商与客户之间一定不能缺少互动，引起互动最好的方法就是能达到一种共鸣。微商设计师可以把图片设计得相对生活化一些，客户很容易主动来跟代理互动。例如，使用自黑的形式，合理的自黑在引得客户捧腹大笑的同时，还会忍不住对代理进行评论。

4. 真实性

微商设计师除了设计一些订单图、反馈图、发货图等，还要经常发一些能证明自己是一个真实的微商的图片，如自拍、美食、游玩等图，让客户感受到微商代理的真实。当这些真实性一旦展现出来，客户对产品会感到更加放心，从而为代理带来信任和交易。

3.3 讲师：培训代理独立推介产品

由于微商的特殊性，微商讲师在行业内供不应求。当成员有精准的流量时，也不代表必然会达成交易。微商行业竞争激烈，再强大的流量基础也抵挡不住对手的竞争。这种情况下，培训讲师就成为重要的角色，为成员解决这一难题。

一直在学习的不仅是微商成员，还有微商讲师，他们与时俱进，让自己变得优秀起来。学成归来后，微商讲师要分享其沟通技巧，主要培训微商成员独立推介产品，为微商团队的裂变奠定基础。

3.3.1 想要成为优秀的讲师，话术要专业

微商讲师要练成专业的话术，才能迅速成为课堂上影响力的中心，收到较好的授课效果。每一节微商课都应该要达到讲（讲师讲）、动（讲师与成

微商团队裂变：
快速打造万人微商团队

员互动）、练（成员练习）的效果，实现良性循环。

1. 开场

优秀的讲师在开场话术中便能火热全场。很多讲师常见的开场白就是先做自我介绍：我叫什么名字，来自哪个城市，从事什么职业，曾获得什么成就等。这些开场白并没有不好，但是可以多加一些元素，如感恩。

感恩才会长久，讲师可以感恩团队，将自己培养得如此优秀；也可以感恩平台，提供这么一个机会锻炼自己。其实，建议讲师更要感恩被培训的微商成员们，"时间就是生命"，这些成员可是用生命在跟讲师学习。感恩这个环节是比较重要的，它能体现出讲师的涵养，同时拉近与成员们的距离。

每位讲师都可以根据自身特性，培养出独到的培训风格。风格可以多样化，或风趣幽默或精练专业，或轻松愉悦或权威严肃，但一定要持续、重复这种风格，让成员们有统一的印象，保持信任。

有的讲师会以发红包配上自己的专业话术的形式来开场，在讲课前就在培训群里发红包，并在红包里加上"我是今晚的培训讲师××"，形成一种独特的风格。这种形式让微商成员们都很快进入状态，至少都准备好了抢红包的状态。

2. 培训中

话术要求专业，但专业不代表高深，话术太高深只会把成员讲晕了。培训成功的体现不在于话术高深，让成员觉得讲师层次深，而是把成员的疑惑解开，让成员把问题弄明白。

在培训的话术上，优秀的讲师是不会拿一些过于生硬的理论强塞给成员的。讲师能懂那些理论是因为对这一套知识体系有着完整的理解，但成员不一定能理解。所以，讲师应该是一个理论的解读器，把生硬的知识变得通俗易懂，形象生动。优秀的讲师不是理论的搬运工，而是拆卸工。

讲师在与成员互动的同时，也要注意话术的使用。讲师对成员进行提问产生互动，可以拉近双方关系。讲师提问时态度要真诚，不要盛气凌人，给成员造成压力。

讲师可以在培训前提问题，当作一次摸底考试。通过培训前的提问，讲师可以清楚了解到成员属于哪类人群，对产品营销处于什么状态。而在培训过程中，讲师还可以再次进行提问，测试成员们有没有跟上听课的节奏，并且了解他们对培训内容的掌握程度。

讲师在提问过程中要注意一些小技巧,如给成员们一些"有限的选择"。也就是说,讲师不要给成员们出简答题,提问的问题可以是填空题或选择题。因为大家在提出问题时,总是习惯性地猜测对方可能回应的答案,并且事先做好回答的准备。但是对方的回复状况我们都难以控制。当出现意料之外的答案时,讲师与成员的交流就会变得很被动。

例如,讲师提问成员营销状况怎么样,有时会出现五花八门的答案,讲师很难根据各种各样的答案做出回应。但讲师如果提问说:"在刚刚这一小段内容中,大家还有疑问吗?"这其实是在诱导成员们回答"有"或"没有"这两种答案,在很大程度上限制了成员的回答。这种"有限的选择"避免了讲师在培训课堂上不好控场,出现被动的尴尬状况。

讲师在群里培训的方式有很多种,但最好以语音培训为主,因为语言的感染力和穿透力都是比较强的。但不仅仅局限于语音培训,鉴于一些特殊的情况,也可以使用文字的形式,让成员一目了然,减少其培训时间。而培训时经常穿插一些图片或小视频作为案例解说,重点图片内容可以下载一些软件对其进行处理。

3. 培训后

在培训结束后,讲师可以再次对成员表示感谢,并对自己培训的内容做出总结。除此之外,还要通过各种手段了解成员的培训效果。例如,做一份网上问卷,让成员结合自身情况进行填写。

微商培训讲师讲求的是可落地,即意味着不是只对成员的不足进行说教,而是帮其解决切身问题。所以,讲师的培训话术必定要实际操作过,并且拿出足够的案例来做支撑,然后对自己所讲内容做出总结,看是否从根源上解决了成员的问题,而不是纸上谈兵。否则浪费大家时间不说,还会让双方都感到不舒服。

3.3.2 优秀讲师必备小技巧

讲师不仅仅要在话术上做到专业,在培训的过程中也要注意细节,培训效果才能达到更佳。那么,讲师在培训过程中都需要注意哪些小技巧呢?具体如图3-5所示。

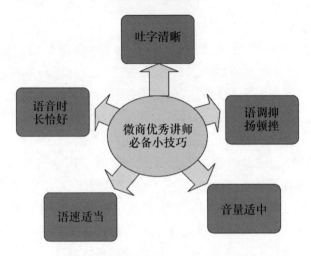

图 3-5　微商优秀讲师必备小技巧

（1）吐字清晰。很多微商并非正规教师出身，以前也没有太多的专业演讲机会，所以在普通话等级上并没有特别的要求。但是无论有着怎样的南腔北调，吐字清晰是最基本的要求。哪怕再优秀的讲师，倘若吐字含糊，成员都只能处于糊里糊涂的状态，培训效果大打折扣。

（2）语调抑扬顿挫。相信不少人在读书时代都经历过这样的事：上课期间有一些老师始终都用平平淡无奇的语气讲课，我们听着听着就忍不住睡着。而有一些老师讲课时饱满有力，富含情感，整节课我们都听得津津有味。同样的道理，讲师在培训时语句一定要有停顿，保持语调和谐饱满的状态。

（3）音量适中。讲师在培训时，声音太小会显得有气无力、死气沉沉，成员听得也费劲，讲师也因此缺乏权威性；声音过大，不仅会给成员造成不舒服的感觉，还会让成员怀疑讲师不够专业。

（4）语速适当。讲师的语速不能太快，否则会让成员听起来感到很吃力。当然也不能太慢，会花费大家很多时间，听起来也比较容易昏昏欲睡。有的讲师在培训时因为语速太快，会发生讲错的问题。讲错了就赶紧把语音取消掉，而不是将就发出去。

（5）语音时长恰好。关于讲师培训时的语音时长，建议每段话控制在 30 秒左右，太长的话成员会没有耐心听下去，而且有的成员没有听清楚某段语音中最后部分的内容，也不用花费太长的时间就可以重复再听一次。

3.3.3 培训代理独立推介产品，讲师只要教九点

做，会做，能做，是三个不同的概念。只在做的成员，必然只是在天天刷屏；会做的成员，是执行力比较到位的成员；而能做的成员，能够独立推介产品，成为团队中的领袖。讲师想要培训成员们独立推介产品的能力，就要从以下几个方面进行培训：

1. 个人风格

客户既然想加微商成员成为好友，肯定是认可了成员或对产品有一定的兴趣。但是客户还是会通过浏览成员的朋友圈，判断成员的为人及值不值得自己留下来，所以朋友圈的内容是可以影响客户去留的。

微商讲师要培训成员如何打造一个人见人爱的朋友圈，让客户通过朋友圈喜欢上微商成员的风格，产生好感，这个时候就可以利用客户对成员的好印象进行一些产品推销。当然，过程要循序渐进，不可操之过急，否则很容易使客户反感。

微商讲师培训成员打造朋友圈的内容可以是这样的：朋友圈不要只发产品的宣传，还可以把生活、喜好及感悟等内容分享出去，内容必须正面、积极。

2. 分享战术

微商讲师要培训成员们刺激其他客户购买产品的方法，让成员获得源源不断的客户流量。例如，讲师可以培训成员在客户购买产品后的具体做法，无论是在第一时间分享出去，还是让客户帮忙推荐产品，都是不错的方法。当然，发表的内容中如果能把订单信息、对话内容等放上去，会让交易显得更真实。

3. 强推技术

微商讲师培训成员使用强推技术时，一定要告诫他们掌握好度，适可而止，而不是强求客户购买产品。例如，在跟客户聊天时，可以适当引领话题，以开玩笑的形式向客户进行推销。

4. 互动环节

互动不仅仅是引导客户与成员进行互动，重要的是成员要使用合适的方

法让客户知道自己的存在。讲师可以培训成员对客户的哪一些内容进行点赞或评论，增加客户的好感度，毕竟客户发朋友圈也是为了获得一些关注。但不要盲目点赞，如我曾看到一位做面膜的代理，经常给客户点赞。在一次某宝妈说"孩子发烧了，感到很难受"的朋友圈中，也习惯性点了赞，最后宝妈感到很生气，将其拉黑。

5. 客户跟踪

同类产品会有很多微商代理去做，在价格统一的情况下，那就要跟其他人拼服务。讲师要培训成员的服务意识，给客户提供贴心的服务，往往还会收到额外的收获。我的一个朋友，她在卖产品后还会告诉客户，有任何售后问题都可以去找她。通过这一细节，很多客户对她都产生了信任，每次下单都很痛快，还给她介绍了不少新客户。所以大家不妨多花点时间，跟踪客户的使用情况，给客户提供一些产品之外的增值服务。

6. 收集反馈

客户反馈的重要性毋庸置疑，尤其是对微商团队裂变后的新成员来说。新成员刚开始做产品的时候基本都会遇到一种情况：对产品感兴趣、咨询产品的人不少，但是还是迟迟不肯下单。究其原因，就是觉得产品有点小贵，害怕使用之后毫无效果。讲师就要针对这种情况，培训新成员如何把客户的反馈情况收集起来，秀到朋友圈。这其实等于宣告整个朋友圈：很多客户都是喜欢自己的产品的，而且使用之后效果也是很好的。

其实客户在购买产品后，一般不会主动跟微商反馈。因此，在客户下单时给其一些反馈返现金或优惠券等，以这些利益点刺激客户主动反馈。

7. 晒发货图

好生意需要晒出来。讲师需要培训成员一个技巧：微商和淘宝等电商不一样，平台会显示出每个月的销售额，微商成员只能靠自己把发货图给晒出来，让朋友圈的潜在客户看到你的产品有多受欢迎，刺激他们下单。很多人其实都喜欢跟风购买，就像网红爆款，有人说好，大家都扎堆去买。

8. 感恩的心

讲师要培训成员拥有一颗感恩的心：不管是熟人还是陌生人，不管买的

第3章
组建核心团队，明确四大分工

数量、金额有多少，只要购买了产品，微商就要感谢客户，有时候还可以收集在一起，集中感谢。客户对成员的支持，有时候并不是因为其产品，而是认可成员的为人。成员懂得感恩，才有机会赢得客户的尊重和帮助。

9. 保持耐心

心急吃不了热豆腐。有些成员刚做微商没几天，就想有客户对其产品下大单，否则就开始怀疑自己、怀疑产品。微商行业的营销是需要经过时间积累的，别说一两天，有时候一两个月都未必有明显的效果。因此，讲师要培训成员有耐心，坚持每天和客户互动，学习营销技巧，鼓励他们坚持做下去。当过程逐渐积累起来，营销就会有效果。

下面我们通过某品牌内衣的案例，分析一下讲师培训代理独立推介产品的效果。

企业是一个大平台，如果能让每一位参与者都实现自身价值，那么企业一定能成为行业领军者。这款内衣正是用微商实现了这一点，即通过微商不断地发展代理商，投入各种资源支持代理商的成长，最终让代理商获得了红利，实现了人生价值。

为了让每一位代理商都能成长起来，这款内衣的管理团队建立起完善的培训体系，重金邀请各大讲师通过微信随时向代理商传递最新的营销经验，促使其快速入门，打出知名度，树立良好口碑。

杨静是2017年3月加入这款内衣团体的，在加入之前，她已经从事化妆品微商行业有四年的时间，因为团队发展的原因，她希望能够找到一个潜力更大的创业项目，在全国各地经过一番考察后，她最终选择了内衣项目。在调研了全国近百个内衣代理品牌后，杨静最终选择加盟实力雄厚且定位鲜明的这款养护内衣团队。

虽然之前有过很长的微商经验，但其得到的专业培训实在太少。在成功签约这款养护内衣代理商之后，培训讲师对其灌输专业的营销知识，督促其成长。培训讲师发现杨静营销时的问题就在于不会与客户沟通，让客户产生一种"强买强卖"的错觉。针对这种情况，讲师对杨静进行了一对一培训，甚至每天以客户的身份与杨静交流。通过培训，杨静的沟通技巧收放有度，总能成功引导客户购买产品。

李琳是刚刚毕业的大学生，然而就在同龄人还在四处找工作的时候，她已经成为这款内衣的品牌代理商。她在大学刚毕业时就觉得不能一辈子替别人打工，必须要有一份属于自己的事业，于是她开始物色创业机会，在诸多的品牌之中，她最终选择微商代理这款养护内衣。

因为李琳之前没有从事过微商行业，对行业状态一无所知，这款内衣的金牌讲师花费了几个月的时间，针对其特点做了专业的培训。讲师首先针对李琳刚毕业的情况，给她定位了一种"女大学生励志创业"的个人风格，让客户对李琳产生信任。随后讲师传授李琳一些有效的营销战术，如文案要怎么写才能吸引客户的注意、与客户交流时应该注意什么问题、遇到犹豫不决的客户应该怎么营销等。不仅如此，讲师还对李琳展开了跟踪调查，不定时地查看她的培训成果。

从案例中我们可以看到，微商讲师面对这两位成员的不同情况做出相应的培训方法。正是通过微商讲师的正确引导，杨静和李琳两位成员才能迅速成长，独当一面，成为某款内衣众多成功代理的其中一员。

3.4　推广营销：多渠道获取代理流量

营销是 1，引流是 0，如果没有"0"的助力，"1"永远都是"1"。而引流最重要的是事件本身要有影响力。满妃集团 3 年时间拥有 300 万名"粉丝"，这与其成功的引流方法是分不开的。

满妃的引流方式是通过"明星策略"渠道来实现的，品牌与明星的有机结合不仅能扩大品牌的影响力，更体现出企业的实力。2015 年 4 月，满妃集团独家赞助了杜淳新书发布会；同时，还赞助了由古天乐和郭采洁主演的电影《巴黎假期》先导发布会；同年 6 月，满妃集团与 PLITZS（中国）时装周达成战略合作伙伴，满妃阿胶糕成为众多一线明星的指定伴手礼，满妃集团董事长盛家齐还受邀和歌手黄绮珊携手走红毯。

2016 年，满妃集团董事长受邀与众多一线明星共同成为"嫣然天使基金"全球百位爱心大使；同年 6 月，满妃集团赞助张玮长春歌友会。这些活动通过满妃集团官方微信发布之后，使得满妃集团受到了前所未有的关注。与明星比肩就是掌握了时尚的话语权，而掌握了时尚的话语权就能在众多品牌中脱颖而出。明星拥有强大的"粉丝"群，满妃集团与明星的结合成功地将明星"粉丝"转化为自己的代理流量,引流取得了卓越的成效。

除了在微信上发布和众多明星的合作信息之外,满妃集团还特别注重企业品牌的塑造。凭借过硬的产品质量和良好的口碑,满妃先后荣获了"中国市场品牌大奖""中国市场最受欢迎品牌奖""中国食品企业社会责任百强企业""中国食品企业社会责任优秀企业",而《精品购物指南》《OK 精彩》及《市场观察》等权威杂志的报道更说明了社会对于满妃集团的肯定。满妃集团 3 年创造了 10 亿元的销售神话,更是得到了《新闻联播》和《新闻直播间》的报道。3 年来,满妃集团董事长盛家齐先后受邀到 50 多所高校演讲,成为 100 万名大学生的创业导师,更成为微商企业中第一位受邀到清华大学演讲的企业家。这些信息通过官微发布之后,进一步在"粉丝"心目中树立起了满妃集团良好的企业形象,无形中为其引流做好了铺垫。

通过满妃的案例,我们可以看到引流渠道的重要性。满妃的主要引流方法有"明星策略"和"品牌策略",即通过明星和品牌的影响力获取代理流量。除了这些方法,还有哪些渠道是微商引流中可以使用的呢?

要知道,微商在早期发展时,大家的传播平台都是朋友圈,主流人群也都活跃在微信上。但是随着微商的迅速发展,只在微信上传播已经是过去式了。现在微商必须要实现全渠道突围,不能把自己困死在微信里。

微商打破微信的封闭性,通过多个渠道发展代理圈子,可以有效获取精准代理流量。而停留在微信摇一摇、扔漂流瓶及加附近的人这几种方式的微商,是获取不了多少流量的。下面我们通过介绍几种方式来介绍微商推广的其他渠道。

3.4.1 线上引流实现全方位突破,玩转微商新时代

线上依然是微商获取代理流量的主要渠道,随着互联网新兴事物的不断出现,微商的推广渠道也越来越多。微商线上引流要从新兴事物下手,跟上时代发展,实现全方位突破,才能迅速完成裂变,玩转微商新时代。

1. 直播

2016 年网络直播迅速火爆全国,被称为"中国网络直播元年",庞大的流量资源都聚集在直播软件上。那时候我就鼓励身边的一些微商朋友去做直播,但是很少有人去做,因为对于他们来说,网络直播这种方法还是过于招摇。而一些嗅觉敏锐的微商代理,还是悄然拓展到直播平台,搭上了网络直

微商团队裂变：
快速打造万人微商团队

播的列车，对产品进行营销推广，获得大量"粉丝"，如图3-6所示。

图3-6　某微商在直播中大受欢迎

分析微商在花椒、一直播等一些直播平台的宣传后，我们可以发现微商的主要直播内容有两种：一种是把直播当作微商品牌的推广渠道之一，直接卖产品；另外一种是微商团队高层将主播包装起来，提高人气热度，在直播上招募微商代理。

显然，相较于微商以前"杀熟"的引流模式，直播引流是基于"粉丝"经济的基础上，让微商有了新的引流思路。直播相对于朋友圈的推广，辐射面更为广阔。在直播中,微商通过唱歌、跳舞等才艺表演与"粉丝"开展互动,在其直播间达到一定热度时,才会进行代理招募。这种边互动边发展代理的方式,与在朋友圈"秀单子"相比,"粉丝"对微商的信任感大大增强。

2. 小程序

微商很难再依靠在朋友圈暴力刷屏存活,但是微信上依然还有微商的一席之地,那就是小程序(见图 3-7)。很多微商的引流方法之一,就是通过微信公众号搭建小程序的入口。微信公众号上的每一个"粉丝"都可以说是潜在客户,微商在公众号上持续不断地输出价值,"粉丝"就会成功地被吸引,并有可能发展成为代理。这种引流方法不仅很容易产生效果,还能在一定程度上规避官方封号。

图 3-7 微信上某个小程序的主要功能

小程序非常注重用户体验的升级,几乎可以达到 App 的程度,可以极大地解决暴力刷屏等用户体验极差的问题,而且其功能正在日益完善。微商可利用小程序中的一些趣味功能,如多人砍价、分享得红包等方便互动的功能,达到引流、裂变的效果。

3.4.2 线下引流潜力大,开发微商新流量

很多微商都遇到过这样的问题:线上引流过来的人越来越少,成交率也越来越低。其实原因就是线上的引流方式虽然很多,如微博、论坛、百度等,但在线上引流的同行也比比皆是,从而出现线上资源不足的情况,微商唯有寻觅新客源才能实现引流,而线下引流就是不错的方法。

1. 微商节

微商节是专属微商的促销节,同时还是流量的集中投放点和爆发点。在微商节中,上百个品牌与名人的合作让千万人的目光都聚焦在微商身上。微

商节集合了多方力量为微商宣传造势,其在渠道引导上带来的流量爆发力量将是巨大的。

2. 小型沙龙分享会

很多微商的线下推广形式虽然花样百出,但都没有得到成功,反而让部分客户心生排斥。分析其原因,主要是因为其包含了太浓重的商业气息,让客户没有得到良好的体验,从而在获取代理流量方面困难重重。

小型沙龙分享会贯彻了"先社交再成交"的引流理念,微商通过倡导某一种生活方式,把本地的、有着相同爱好的同类人群集中到一起,形成一个分享型聚会,如图3-8所示。微商既是聚会的发起者,也是分享者:向客户提供知识分享、产品免费体验、专业讲师课程等,由兴趣衍生情感,由情感连接产品,最后上升到价值方面,用接地气的方式让引流更有效。

图3-8　某微商发起的小型沙龙分享会

小A所代理的产品建立了一个线下体验店,她把线下体验店所在的那一条街的其他店老板都定向为意向客户。小A经常找他们聊一些实体店的困惑:房租高、竞争大、客流不定等,其他店的老板深有同感,并对小A的话题开始产生兴趣。后来小A以交友的名义把他们集中到店里,举办了一个小型沙龙分享会。在分享会中，小 A 给他们普及了微商的发展现状及未来趋势，又把自己的产品拿出来让大家免费使用，丝毫没有提招代理的事。但是在分享会过后，有几个老板找到小 A，并且都拿了几万元的货，成为小 A 旗下的代理。

小 A 就是彻底贯彻"先社交再成交"的理念，在话题上引起老板共鸣，为引流打下基础。

其实在观察不少微商发起的小型沙龙分享会后，发现引流效果好、口碑也不错的分享会，它们的共同点是：首先，由专业的微商精英讲师把知识分享给大家；其次，让大家免费体验产品，还拿出同类型的产品做出对比；再次，推出代理政策，引导他们成为代理，完成裂变；最后，锻造完善的培训体系，让代理快速入门。

3.4.3 微商下乡：微商下个竞争主战场

我国地域广阔，人口众多，经济发展不均衡。如今越来越多的微商引流方向逐渐转向非发达的边远城市，甚至倾斜到三、四线城市及县城、乡镇市场。经过对身边大量微商朋友的调查，发现这两年往一、二线大城市发展代理往往都举步维艰，而往小地方引流的微商反而发展越来越好。

事实上，一、二线中心城市的人群与新生事物之间，经过互联网信息的全面覆盖，几乎都可以实现无缝连接。这几年来微商迅速发展，早已渗透在一、二线中心城市的每个角落，这些城市的人群对微商早已经失去新鲜感。一、二线中心城市给人群提供了丰富的资源和机会，新兴事物不断涌现，微商遭遇市场寒流，成为他们的过去式。

而在边远城市，微商界却在悄然兴起。对于广大中小城市及乡镇地区的人群来说，微商依然还是性价比最高的创业之路，没有比微商成本更低且更容易做的项目。不少中小城市的微商代理都对微商的未来充满了极大的热情，还有不少人对微商跃跃欲试。微商团队在中小城市实现引流，将会取得不菲的成绩。

例如，我前段时间接触的一个新疆伊犁当地的蜂蜜微商，她打算招一个 1000 人的代理团队，在发布信息后没多久，当地人纷纷报名，发展势头非常好，最后提前一个月招满代理。这类现象并不少见，它们都在提醒着微商团队，微商下乡具备着非常大的发展空间，广大中小城市、县城甚至是乡镇，将会是微商下个竞争的主战场。

第 4 章　万人团队建设技巧

团队建设是指一种对团队进行优化的行为，主要是为了提高团队效率，从而改善结构设计或对成员进行激励，实现团队共赢。团队建设常见的形式是小组进行自我管理，每个小组负责完成部分工作内容或全部工作内容。

团队要想得到发展，就不能少了团队精神和凝聚力。团队成员自上而下，目标一致，共同完成任务，这就是凝聚力。团队的管理者要有明确的意识，协助团队成员成长，了解自家产品、营销技巧及方案，还要带领成员制定自己的目标，提高学习能力，营造一个良好的工作氛围。因此，加强团队的建设是十分重要的。

4.1　各层代理的心态分析

微商代理就是拥有微商某产品授权的人，货源可以直接从厂家拿，也可以自己另寻渠道。做微商代理可以发展上下级代理关系，就是上级把货发给下级赚取差价，当然也可以自己销售。

在微商这个行业中，只要有梦想、有目标，谁都可以成为产品的代理人。在竞争力超强的微商行业，对于微商代理的心态也是十分注重的。给代理的工作心态做一个分析，有利于了解各个级别代理的长处与短处，从而有利于团队管理。不同的微商品牌根据性质不同，把代理分为不同的级别，具体级别及名称也都不太一样。但是代理等级之间大同小异，从下往上大概可以归为三类：三级代理、二级代理及一级代理。

第 4 章
万人团队建设技巧

4.1.1 三级代理的心态分析

三级代理是初级级别，这一级别的代理通常采用零售的方式把产品销售给客户。微商是一个不需要看学历，不依靠任何背景，只要有想法，任何人都可以驾驭的事业。很多代理都是看重微商的这一特点，从而选择加入微商。而且刚刚进入微商行业的代理大多都是三级代理，在这一级别的代理都应有学习和坚持这两种心态。

1. 学习的心态

身为一个刚入门的微商，面对陌生的行业，想要熟悉这个行业，唯有学习这一个方法。为了走好微商的长久之路，三级代理往往都在学习怎么把自己打造成产品的专家。要想成功做到这点，就要有一个良好的学习心态。三级代理应静下心来学习关于产品的专业知识，以及如何更好地把产品销售出去。

现在社会发展的步伐很快，产品更新换代的速度更快。微商代理的从业技巧，从来都不是一个固定的模式。因此，只有不断地学习，给自己补充新鲜的血液，代理的道路才能走得更远。

小丹是一位"90后"的女大学生，于2016年6月毕业。因为前几份工作都不满意，最后选择了微商化妆品这一行业。小丹在大学时学的是会计，对于微商行业一窍不通，于是她努力学习关于微商的运营方式，恶补护肤知识，不放弃每一个机会，把自己打造成一个专业护肤师。最后，小丹用了三个月，从一个不懂什么是微信营销的职场新人，变成了月收入上万元的专业代理。

2. 坚持的心态

没有谁刚开始做微商就能日进斗金的，这个过程需要坚持。微商这个行业并没有人们想象中的那么简单，也要付出心血和精力。在付出以后如果没有立刻获得相应的回报，难免使人对自己、对行业产生怀疑。所以，三级代理往往都需要坚持，通过坚持，才能实现自己的目标，以前的努力才没有白费。

4.1.2 二级代理的心态分析

二级代理在微商里的级别相当于寻常企业的中层，进货渠道就是从一级代理处购买产品。他们通常以批发的形式销售产品，手上会有一批稳定的客源。二级代理一般都是由三级代理破茧而来的，心态的要求也就更为严格了。

1. 抗压的心态

有的代理在刚成为二级代理的时候，激情澎湃，热火朝天。然而不到一个月，就表示要放弃二级代理这一职位。细问起来，他们都认为二级代理既要管理好下级，又要应付上级，自己还背负着一定的任务量，压力可以说是非常大了。不仅如此，微商行业同时也在和其他行业进行竞争。所以，二级代理往往都需要很强的抗压心态，才能将工作有条不紊地做好。

2017年以前，莹莹还是一个公务员，工作稳定，生活无忧。可是随着宝宝的降临，莹莹家里的开销迅速增长，再加上莹莹花钱大手大脚，工资难以维持开销。车贷和房贷都没有还清，生活压力一天天加大，莹莹十分苦恼。为了改变现状，莹莹选择做了微商。靠着自己的努力与坚持，莹莹成了一个二级代理。微商的工作也因此变得更为忙碌起来，加上还要照顾宝宝，莹莹整天忙不过来，感觉压力非常大。最后，莹莹决定辞掉那个朝九晚五的公务员工作，由原来的兼职微商做起了专职微商。家人非常反对莹莹的做法，莹莹扛住压力，最后通过招募代理，每月收入几万元。如今莹莹生活已经发生翻天覆地的变化，经济独立，并且每天非常充实。

通过这个案例，我们看到莹莹的抗压心态非常强。在生活压力加大时，莹莹选择了微商。而微商与工作不能兼顾时，她扛住家人带来的压力，最后过上了自己想要的生活。

2. 积累的心态

在微商行业中，二级代理为了有所发展，往往都会选择积累。积累将来发展有可能需要的东西，如人脉、经验与专业知识等。把这些有用的东西逐渐聚集起来，然后慢慢增长、完善，最终会往前跨越一大步。

4.1.3　一级代理的心态分析

一级代理又称总代理，是微商中级别最高的代理。一级代理通常直接从企业进货，货源充足。想要成为一级代理，手上要有大量的人脉资源，因为一级代理的每一笔交易数目都很大。一级代理的心态是很重要的，直接影响

第 4 章
万人团队建设技巧

着整个微商团队的工作效率。

1. 自制的心态

"胜人者力,自胜者强。"一级代理的自制能力要很强,能够进行自我管理。自制心态是一种个人发展管理,是最大化地利用自身资源和挖掘自我潜能,以达到自己的目的。一级代理的上面不会有人直接管理,所以要成为一级代理,除了有一定的魄力,还需要足够的自制力。一级代理的自制心态使他们成为讨人喜欢的人,也为他们的发展迎来更多的机会。下面我们看看自制力都有哪些"密码",如图 4-1 所示。

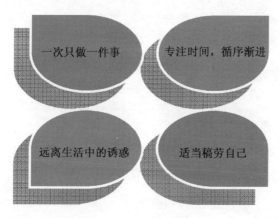

图 4-1 自制力的"密码"

通过图 4-1 我们可以看到提高自制力的主要因素有四个方面。

2. 发展的心态

一个真正做事情的人都是带着野心去做的,所以一级代理一般都会用发展的眼光看问题。一级代理多数都是微商团队的高层,他们不仅仅要为个人的事业做规划,还要为整个团队谋福利。

一级代理都有自己的团队,团队与个人的发展是捆绑在一起的。一个人走路,可以走得比较快;但是一群人结伴一起走,就可以走得更远。一级代理就是要抱着这样的心态,想要走得远,就必须带着整个团队发展。

楠楠是一位很有自己想法的天秤座女孩,在做微商代理前是一个有着安稳工作的小护士,但是她对目前的生活状态感到并不满意。为了寻找出路,改变生活状态,楠楠在 2015 年 5 月开始做微商代理,经过公司的培训及自己独到的眼光,她销售的产品供不应求。经过七个月的时间,她把自己发展到一级代理的级别,拥有了一个百人团队。

按理来说,楠楠应该对于这一切都很满意了,但是并没有。楠楠认为,自己既然是团队的领导,那就要带着团队一起发展,让大家都能在发展中有所收获。楠楠抱着带动团队发展的心态,为团队做出整体规划,希望在一年内大家都能达到自己的目标,其团队也因此在不断扩大。

发展的心态是每一位一级代理都要具备的,这种心态可以决定团队的未来。如案例中楠楠所做的,在发展的过程中带动其他成员发展,微商团队才能不断变得强大起来。

4.2 如何打造 500 人群

在微商这一行,信任是业务成交的基础。想要做好微商,首先要解决信任问题。没有信任,微商的业务就没办法进行。那么,如何解决信任这一问题呢?其实大家可以通过社群裂变,提高人们之间的信任,对于招收代理也是大有好处。

众所周知,微商营销主要靠的还是线上推广,而微信群则是一个很好的营销平台。几乎每个微信用户都以不同的活跃程度存在于各种微信群中。而社群裂变就是让这些用户也加入微商社群里,成为微商的一员。有些小伙伴们一听到要建一个 500 人群,就觉得自己做不到。但是,通过以下几个步骤,建群真是没有太大的难度。那么,如何通过裂变打造一个 500 人的群呢?

其实,打造一个 500 人群,就像是建设自己的家一样:

首先,准备材料——建群。

其次,搭建房子——群管理、维护。

再次,装修房子——价值输出。

最后,建设成功——加粉成交。

只要学会这四个步骤,每个人都可以学会社群裂变,从而打造出一个属于自己的 500 人群。长久下去,团队壮大速度也会大大提升。

4.2.1 准备材料——建群

对于刚刚进入微商行业的新手来说，建立一个 500 人的群简直难于登天。因为在做微商之前，好友人数有限，哪来那么多人建一个群呢？虽然说第一步往往都是最难的，但是不去准备材料，怎么搭建自己的房子呢？其实只要掌握了一定的规律，这也就不是一个难题啦。

假如微信里的好友屈指可数，那就使劲儿去加人，争取让自己的微信好友达到 300 人以上。当微信好友达到一定数目时，就开始建立第一个群。创建微信群后，第一次先拉 30 人进群，在群里创造话题或发红包，活跃群里的气氛。过几个小时再拉进一批好友，继续活跃气氛。依此操作，在几天时间内，达到一个 200 人的群不是问题。

在刚开始创建的时候，一定要想办法保持热度，使群员有一定的积极性。接下来就要想办法扩群，多邀请一些人进群。如果只是自己一个人做，能力肯定是有限的。所以可以采取一些有效的方法，如让群员拉人进群。

天下没有免费的午餐。如果是让群员义务拉人进群，那肯定有很多人不愿意；相反，有些人还会因此而退群。但是重赏之下必有勇夫，所以可以给群员一些物质上的刺激，效果就会大大增加了。除了发红包这个途径，还有很多方法可以让群员动心。例如，一个人拉到八个人进群，就可以给他发一个免费观看最新上映的电影的链接，或者某著名小说 VIP 章节。如此一来，微信群达到 500 人是轻而易举的。

例如，某微商创建的微信群里，就有一个关于邀请人数的奖品鼓励规则：

A．邀请 5 人就送最新上映电影高清视频链接。
B．邀请 15 人就送付费搞笑软件使用权一个月。
C．邀请 30 人就送抢红包神器一个。

4.2.2 搭建房子——群管理、维护

小安最近很苦恼。小安建群很有一套，短短两天就能建立一个大群，目前他建立的群有十多个。但是他不会管理，一般都是让群里面活跃程度最高的成员来当管理员。谁能想到，这些管理员有的频繁发广告，导致群员不堪其扰，纷纷退群；还有的更过分，看他基本不管群里的事，趁他不注意，把群里面的不少"粉丝"都拉走了。

由图 4-2 我们可以看出社群的影响力是巨大的。小安的烦恼就是源于对管理的疏忽。搭建过程是一个管理与维护的过程，一旦疏于管理，那么房子的安全就会出现问题。要做好微商群，首先就要给群里制定一个硬性的规则，就是严禁他人发广告，倘若违反，一律清理。微商这行应该是先建立彼此之间的信任，而不是先入为主，一上来就开始打广告，这样只会造成群员的反感与不适。所以，群里应该严禁他人发广告，以免造成得不偿失的状况。群主本人要亲自执行规则，不要给他人可乘之机。

图 4-2　社群的影响力示意图

除此之外，还要让群里保持一定的热度，这就需要群主用心地去维护这个群了。一般有新人进群，除了欢迎新人以外，也要让新人知道群公告。群主可以编制好台词，然后通过一些软件设置自动发送。

群主还要充分调动群成员的积极性，如发一个最近发生的重大话题，让群员一起参与讨论。而关于话题题材，群主可以关注微博时事热搜、今日头条等，这些都是话题的来源。讨论之前可以来一个发红包的环节，预热气氛，把群成员都给引出来，这样会使话题的讨论更为活跃。而话题发起的时间也很重要，没有人会在上班时间拿起手机讨论话题，或者晚上睡觉时间关注这些事。

4.2.3　装修房子——价值输出

房子搭建好以后，还要进行装修，锦上添花。通过以上的环节，群主与群员之间也建立了一定的信任，这时候群主就要出面输出自己的价值。如何输出价值？群主可以分享自己的专业知识，并且利用专业回应群员提出的相应问题。除此以外，多与群员交流营销经验，让大家知道做这一产品的代理是有发展的，还要多为群员提供有价值的知识，让群员觉得自己学习到了知识。

价值输出是好事，但是自己的产品有多好，自己一个人说是没有人相信的。但是如果是有一个或好几个人站出来，那就说明这个产品是有一定的可信度的。因此，群主平时一定要与一些比较活跃的群成员打好关系。当群主普及产品知识时，这些群成员鉴于平时的关系，一般都会适时出来与群主互动，并表示对群主的信任。次数一多，提高了产品的影响力，其他成员也就会开始留心产品，从而对产品产生兴趣。

4.2.4 建设成功——加粉互利

建群不是用来聊天的，而是要为自己招收代理的。前期的基础牢固了，房子盖得也就安全了。在建立500人群的过程中，群主通过和群员之间良好的互动，培养了一定的感情，建立了信任感。所以，群在稳定以后，也就有了不少"真爱粉"，这个时候就可以互相加为好友相互交流。微商的产品都是针对客户需求，解决客户问题的，在认识到这一理念后，群员也会纷纷加入微商行列，成为产品的代理人。

建立一个微商群，更像是在进行创业。在建立过程中，可能会经历困难与挫折，但不能轻易放弃，要咬牙坚持下去。管理群员时，无论从哪个角度出发，只有利人利己，才能获得更多人的支持，才能为团队迎来更多的发展机会。

4.3 打造500人群的必要条件

打造一个500人的微商代理群，是令所有微商代理都心驰神往的目标。之所以是心驰神往，是因为建立一个500人群需要一定的基础，并不是想建就建的。打造一个微商代理群，需要具备以下四个条件：具备自己的人脉资源、具有相似的价值观、具有互动频繁的心理及具有共同的利益。

4.3.1　具备丰富的人脉资源

人脉与机遇往往都是成正比的，人脉越宽广，机遇越多。特别是微商这一行业，人脉就是命脉，没有人脉的微商往往也没有发展的机会。500人群首先体现的是 500 这一数字，只有拥有了足够多的人数，这个群才能建立起来。

所以，我们一般可以利用自己的人脉资源，达到招收代理的目的。例如，在朋友圈里发招收代理的信息，并配上代理群的二维码图片。人脉宽广的人往往会得到很多支持，并且有的人还会帮忙转发，扩大影响力。

麦麦是一个胖女孩，但是性格开朗活泼，喜欢与人交朋友。从事微商行业后，她所积攒的人脉资源得到了充分的利用。因为朋友众多，产品性能好，她的微商事业做得风生水起。后来她建立一个微信群，打算招收自己的代理。这条信息在朋友圈发布后，大量好友纷纷加群，还为她拉进来不少群员。三天之后，她建立的代理群人数爆满。

在这个例子中我们可以看到，人脉资源丰富的人往往都有办法完成自己的目标。所以，具备丰富的人脉资源，是建立代理群必不可缺的条件之一。

4.3.2　相似价值观让大家走到一起

打造一个 500 人的代理群，最好还是吸纳有着相似价值观的"粉丝"比较好，这样转化成代理的身份，就会容易很多。而价值观相似的人，哪怕从事的不是同一行业，只要稍微耗费一些时间与精力，后期还是可以发展得很好的。就像是都爱吃鱼的人，一开始可能会在酸甜苦辣的味道上有所分歧，但最终都会经不住鱼肉的香味，从而去尝试其他味道的鱼。

为什么一定要具有相似的价值观呢？招收代理就是为了发展自己的微商事业，如果该代理并不认同微商这一行业，那还怎么一起发展和创造利益呢？道不同不相为谋，这句老话充分体现了相似价值观的重要性。如果相互之间价值观相反，在代理群里的作用也并不大。

很多人都深有感悟的一件事：现实中很多的情侣都因为价值观不同而分道扬镳。其实，组建一个微商代理群，又何尝不像在谈恋爱？为了走得长久，要寻找一个价值理念相似的人，一起迈向未来。所以，组建自己的社群时，群主找的主要群员，对于微商的营销方式及盈利办法都要持有一种认同的态度。只有这样，双方才能并肩作战，共同进步。

4.3.3　大家出来聊聊

代理是什么？与其说是下属，倒不如说是事业上的合作伙伴来得更为贴切。代理与你往往是同一战线上的，相互之间存在着一定的利益关系，可以说是"一荣俱荣，一损俱损"。

组建一个 500 人的代理群，就要具有与群员们相互交流的心理。在这个群里，有很多人就算有当代理的念头，也不知道从何下手。所以，群主可以与群员相互交流，传授经验；还可以利用自己的专业知识，为代理们解决问题。经过经验的互相交流，大家可以取长补短，共同进步。

哪怕不是分享经验，也要在群里营造一个活络的气氛，这样有利于频繁互动。例如，某微商代理的主要是美妆产品，就可以与群员多交流皮肤问题、产品功能、护肤心得等；还可以根据当下时事热点，一起讨论话题，发表自己的观点，也有利于了解群员的想法。

除此之外，还要给予群员们一定的关心。不管是哪一行业，员工们都需要得到关心。如果管理者不关心员工的状态，会影响员工的工作积极性。更有甚者，直接离职不干，毕竟没有人愿意在得不到重视的情况下工作。群员们得到关心，会认为他们受到了重视，也就更加巩固了这个群的地位。在微商这一行业，"90 后"代理占了大半人数。"90 后"的特点就是有个性，如果得不到重视，就会甩手走人。对群员的关心可以体现在很多方面，如身体健康、生日时间等。通过彼此之间的交流，可以培养感情，拉近关系，为争取其成为一个代理做了一个重要的铺垫。

4.3.4　月入万元的共同利益不是梦

所谓"物以类聚，人以群分"，要把一群人聚集在一起，就要有一个共同的利益在支撑彼此。利益不仅仅是金钱这个狭隘的概念，还可以是因为共同的爱好、实现抱负的意志等。当共同利益达到一致，合作的可能性也就大大增加。

当代大学生消费比以往高出很多，一些懂事的孩子不愿意给父母增加负担，于是想方设法赚取零花钱。微商就给大学生们提供了赚取零花钱的途径，只需要一部手机，就可以产生无限大的可能性。于是在微商行业中，做代理的永远都不缺乏大学生，而且其中很多人把产品做得风生水起。我们就需要挖掘这个群体的价值，把二者之间紧密联系起来，双方一起分这块"蛋糕"。

如果没有共同利益，最终目标永远都达不到一致，那为什么还要去浪费这个时间招收代理呢？就像是一家企业花费大量时间与精力去培养新人，而新人却表示这个企业给的都不是他想要的。

只有抓住共同利益点，才能为微商行业招揽更多的人才。我们可以通过提供产品，与代理形成一个共同的关系利益，达到利润上的共识。你和群员们有了共同的利益，他们才会愿意跟你目标一致，一起前进。

4.4 建立代理管理群、领袖核心群

当一个微商团队壮大以后，管理者往往分身不暇，顾不上管理。这时候就需要设立代理管理，从而协助管理者的工作。微商代理管理就是微商团队的桥梁和纽带，肩负着微商管理者和代理之间沟通交流的重要作用。团队不断壮大，对代理管理的需求也就越来越多。根据这种情况，管理者可以建立代理管理群，打造一个属于自己团队的领袖核心群。

一个优秀的代理管理群要承上启下，承得住团队的指示，启得清代理的思路。不仅如此，代理管理本身也要在这个核心领袖群中获得成长，从而更好地促进团队事业的发展。如何充分发挥代理管理的特质，建立一个优秀的代理管理群呢？这就是我们在这一节中要讨论的问题。

4.4.1 挑选代理管理人选

在团队发展的过程中，优秀代理的能力往往也会得到展示。管理者可以从代理的执行力、销售额、管理能力等方面进行观察，然后从万千代理中挑选出一批可靠且优秀的代理。

每个代理的特点都是不一样的，所以大家可以制定一些标准，以此来筛选优秀的代理。例如，某些代理不仅销售额高，还深受其他代理的欢迎，这就是很好的人选。但是有一些代理虽然销售额高，却总是违背团队的指示，

标就是协助上下级互相沟通，实现团结一致。经过以上四个阶段，一个完整的代理管理群也就创造出来了。优秀的代理管理群是经验分享、管理沟通的主要聚集地，是代理的领袖核心群。通过建立这样一个代理管理群，微商团队的管理更为便捷。

4.5 如何让500人群产生裂变

人的欲望是无限的，当有了第一个500人群，谁都想再有第二个，第三个，乃至更多，这就需要我们将500人群产生裂变。裂变是围绕一个基础点成功地复制出更多的基础点，以此类推，缓速前进，最后在整个区域市场中占据一定地位的过程。

群裂变不是一件小事，要好好考虑群的定位，还有创建这个群的目的，以及需要哪些人群进群。而且还要知道，裂变主要是依靠人来完成的，首先活跃一批人，让他们产生共性，认同这个群的价值，朝着一个方向前进。群裂变的核心是要让别人对你产生信任感，然后再让这些人去裂变。信任是基础，只有建立了这个基础，通过裂变而收获的"粉丝"，才能更好地进行维护。

4.5.1 做好裂变的准备

群裂变是一场马拉松比赛，需要付出时间与精力。每一场比赛前，选手都要充分准备，否则就有可能因为准备不充分，最后抵达不了目的地。所以在产生裂变之前，大家要做一些准备，以便冲刺获得胜利。

1．建群并且定位

建一个群，要先给这个群定一个相应的主题，再把人群聚集起来。例如，做母婴产品类的就可以把主题定为"宝妈经验交流"；做化妆品类的，主题可以是"化妆技术探讨"；做减肥产品的，就给自己的群定位为"轻松减肥"；想通过网络赚钱的，主题就可以这么定："××产品推介，实现自给自足"等。主题可以根据不同人群而制定，只要是贴合大家的情况就可以了。

2．要有能活跃气氛的人

在产生裂变之前，要在群里事先加入一些能够带动气氛，使群里能活跃起来的人。这些人主要是为了后期的群维护而准备的，他们可以是从以前的群带过来的，也可以是聘请的学生或其他人员。

3．要有一个能统计群数据的工具

"亲，为了群里的发展，本群从今天开始，举行邀请好友进群送礼物的活动哟。活动具体内容如下：

邀请8人进群送家用手套1双。

邀请18人进群送家用棉拖1双。

邀请38人进群送厨房清洁剂1瓶。

邀请68人进群送雨天防水鞋套2双。

邀请88人进群送1套雨衣。"

这种文案是不是很常见呢？这是产生500人群裂变的方法之一。但是，群员那么多，怎么对每位群员拉进来的人进行统计呢？所以，我们要准备一个能统计群数据的小工具。这个软件可以是微信里面本身具备的功能，也可以是下载的小软件。总之这个软件是必备的，没有它，就无法统计群成员的实际情况，而活动也就进行不下去了。

4.5.2　产生裂变的方式

产生群裂变不是孤军奋战，而是通过运营20%的核心成员，来影响80%的普通成员。一个群里总要有一些特别活跃的成员，与这些成员进行沟通，从而使他们认同微商行业的发展理念。然后再通过这批人影响普通成员，形成一个良性循环，最后形成群裂变。影响群裂变的方式有很多种，下面给大家介绍的是比较常见的几种方式，如图4-3所示。

1．游戏

每个人都有好奇心，当一个游戏活动很好玩的时候，也就会有很多人参加进来。而且发起一个游戏不只限于朋友圈,还可以在别人的群里一起玩。例如,建立的是一个宝妈交流群,可以在一些家长群里发起游戏。成员都是同龄人,也都有孩子,对这种方式也就不会产生抗拒。

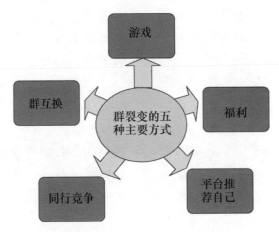

图 4-3 群裂变的五种主要方式

例如,某微商代理就可以在家长群里发:"哇!这个动作好难呀!谁可以做到下面的动作,拍照私聊给我,我要给他一个大大的奖励哟。"

有人做到该动作后,就给别人奖励,并让对方发一个朋友圈,文案可以这样写:这是真实的活动!只要做到图上的动作就可以领取奖励哦。快快扫描以下二维码领取奖励吧!最后配上动作的图片和二维码。

用游戏的方式去产生裂变,在娱乐的同时,还可以促进大家的感情。这还会产生一个很精准的效果,只要接触的人群精准,那么裂变的方向就会准确很多。

2. 福利

福利是产生裂变最常见的方式,它具有一定的诱惑性,促使人们主动参与裂变活动。不管哪一个行业,都要有投资才会有效果,给的福利越大,愿意参与推荐的人也就越多。

完成任务会得到什么好处?任务只完成了一半还会有好处吗?这些都要界限清楚。该给的福利不能省,真不想给也要换成同等价值的福利,不能欺骗别人,以免带来不好的影响。但是,如果只依靠福利吸引人群产生裂变的话,那么资金成本会很高,而且这样的人在无利可图时也不会留得太久,沉淀不下来。

3. 平台推荐自己

如今网络自媒体发达，通过各式各样的大平台，也可以尽情发挥自己的才能，推销自己，从而产生裂变。就像是微博这一平台，对于某一件时事，底下都会设置评论。可以通过抢热门评论表达自己的观点，然后打个小广告并留下联系方式。大家在看到你评论的同时，有需求的用户也就会主动找到你。

例如，某微商经过不断努力，其产品进入十大化妆品排行榜这一热搜，可以在评论下面回复：哇，好厉害啊！这是我们微商的榜样！微商都会朝着这一目标不断完善自己的！我是做母婴产品的，绝对安全可靠。有兴趣的宝妈可以加我微信：88888888。通过这样一番推广，必定会有不少用户上门咨询。

4. 同行竞争

自己在产生裂变的同时，竞争对手也一定在产生裂变。可以把自己定位为一个新人，进入同行的群里。通过进入同行群里获得"粉丝"，这也不失为一种好方法。在同行群里竞争过来的资源，获得的基本都是精准粉。要知道，10个精准的群员，要比100个广泛群员强。一个优质高效的群是由有着共同理念的群员共同组成的。

5. 群互换

群互换是产生裂变最快的方法，即和对方手里的资源相互交换。只要双方没有利益冲突，都可以使用群互换的方式。群互换可以轻易获得大量的资源，但是互换的"粉丝"往往过于广泛，精准粉会比较少。

4.5.3 进行裂变的维护

哪怕是伴侣之间，也要经常进行关系维护，更何况大家只是普通的合作关系呢？所以，500人群产生裂变以后，也同样要进行群维护。那么，如何去维护管理员与群员之间的关系呢？老生常谈，依然还是以下几个方面：

1. 严禁发广告

群员一多，也就容易乱，难免会有同行或经营其他产品的人混进来。为了防止竞争对手进群挖人，首先就要严禁发广告，不给他们宣传自己产品的机会。而且微商这行应该是先建立彼此之间的信任，而不是先入为主，一上来就开始打广告，这样只会造成群员的反感与不适。所以，群里应该严禁他人发广告，以免造成得不偿失的状况。

2. 活跃气氛

除此之外，还要让群里保持一定的热度。一个群不活跃，那基本上就没有什么价值了。管理员要充分调动群员的积极性，抛出话题一起聊天。像群员主要是宝妈的，就要以孩子为话题，互相传授经验；而群员主要是大学生，就可以多聊聊创业；不分年龄，主要以女性为主的，明星八卦、美妆护肤永远都是不会过时的话题。

3. 价值体现

对于群员来说，这个群存在的意义就是获得利益。只有让群员真正体验到这个群是有存在的价值的，才有可能通过口碑宣传，把他的朋友、亲人也拉进来，完成群裂变。某品牌内衣建立的群，就是让大家体会到品牌的价值：这个世界有一种内衣，能够从日常对女性乳房进行养护，保护女性乳腺健康，并且具备着巨大的市场潜力。这种价值的体现，能让群员心甘情愿地为这个群做出贡献。

4.6 如何用工具来管理多个群

微信代理群增多以后，管理起来会比较麻烦。而现在软件市场也根据市场需求，出现了很多可以一键管理微信群的软件，如微友助手、小 U 管家、微神器等。现在给大家推荐一个强大又好用的微友群管工具，就是 WeTool。

WeTool 的功能十分齐全，不仅符合微商一键管理群的需求，微信普通用户也可以使用。有了这一工具，群管理会变得十分方便。WeTool 的功能主要分为以下六个方面：

1）客服：查看和回复相关微信群的消息。

2）群发：向微信好友发送消息，可批量发送，也可定时发送。

3）加好友：导入或导出微商好友；加群好友；使用新号加好友。

4）"僵尸粉"：检测是否被对方好友删除或拉黑，并且对好友完全做到无打扰。

5）群管：对微信群进行统一管理，系统自动移除私加好友、发布不当信息等违反群规的成员。

6）统计：统计在同一个微信群中，有多少人已经是你的好友；统计好友与你同时在哪些群里。做好统计主要是为了有针对性地加或删好友，减少名额占用。

4.6.1 WeTool 客服功能

WeTool 的客服功能可以通过搜索关键字，主要运用于查看和回复群消息，如快捷回复、屏蔽成员等，具体操作如下：

1）筛选需要管理的群：单击"消息列表设置"，通过搜索关键词，选择需要管理的群，同时还可以选择是否接收私聊消息。

值得一提的是，单击"消息汇总"可以将最近的消息集中在同一窗口中呈现出来，这样会让查看、回复和管理消息方便很多，如图 4-4 所示。

2）屏蔽某些群成员：在"屏蔽设置"里输入关键词，选择屏蔽对象以后将其屏蔽，如图 4-5 所示。

3）快捷回复：在最右边的对话框中编辑快捷回复的内容，然后保存为常用回复语，最后出现在对话框的回复栏里。例如，快捷回复语的具体内容是："'找××'系统自动发送优惠券。"如图 4-4 所示。于是，当有客户上门询问某件产品的时候，系统就会先给客户发优惠券，客户也会很高兴。

4）在每个发言对象的消息上面都会有四个小功能，如图 4-7 所示。

单击"群回复"，消息就会发送到发言对象所在的群里。

单击"@Ta"，就可以直接@该发言对象，同时还可以发消息。

第 4 章
万人团队建设技巧

图 4-4　消息汇总

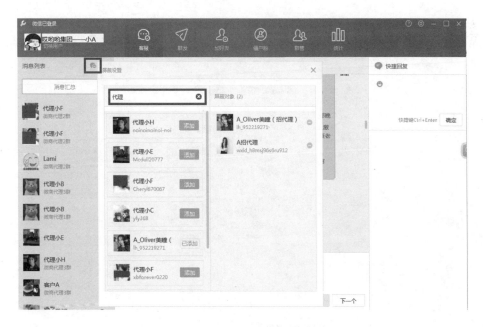

图 4-5　WeTool 屏蔽设置选项

单击"踢走",就可以直接将此发言对象移出群,但这是群主才可以使用的功能。

微商团队裂变：
快速打造万人微商团队

图 4-6　WeTool 快捷回复功能

图 4-7　WeTool 针对发言对象的四个小功能

单击"屏蔽"，直接屏蔽此发言对象，并且不会再显示关于此人的任何消息。

4.6.2 WeTool 群发功能

WeTool 群发功能可以向大批好友定时发送消息，节约了用户不少的时间，也避免了用户在发送过程中出现的一些错误。其具体操作如下：

1）单击左上角的搜索框，通过搜索关键词，选择需要管理的群或好友。同时还可以单击"只显示选择对象"，可以方便确认选择的群或好友。

右侧栏可以设置群发消息，在右上角编辑任意内容后单击"确定"，随后显示到右下角的消息组上。WeTool 可以同时编辑多条消息，确定后还可以继续编辑内容或调整内容的位置，具体如图 4-8 所示。

图 4-8　WeTool 群发功能界面

2）在把消息发出去之前，可以单击"发送设置"，在这里面可以设置群发对象时间间隔，即每两个群之间的时间间隔，如图 4-9 所示。假设当前有群消息正在发送，修改"发送设置"只会对未发送对象有效。

例如，同时发消息给 A、B、C 三个群，单击"发送设置"后，选择群发对象时间间隔是 10 分钟，即在给 A 群发消息 10 分钟后，系统才会发消息给 B 群。而在给 A 群发消息后，改变时间间隔为 5 分钟，即在给 B 群发消息 5 分钟后，系统才会发消息给 C 群。

设置好后，单击"群发"，系统会自动将内容发给选择的对象。也可以选择"定时群发"功能，之后便会在设置的固定时间发给选择对象。例如，上班族在上班时间不能看消息,那么就可以设置在晚上八点发送消息,以便大家及时看到群消息。表 4-1 是适合发朋友圈的 6 个时间点。

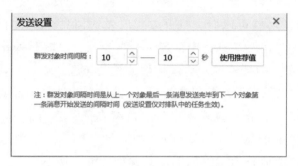

图 4-9　WeTool 群发对象时间间隔设置

表 4-1　适合发朋友圈的 6 个时间点

序　号	时 间 点	时 间 段	内　　容
1	早餐	07:00—07:30	问候早安或者说说天气之类的内容
2	中午	12:10—13:10	在午餐时间,发一些搞笑的内容
3	下午	14:00—15:00	属于下午上班时间,发条新闻
4	下班	17:00—18:00	生活类内容,如吃饭、娱乐等相关内容
5	晚餐	18:30—20:00	生活类内容
6	夜间	21:00—00:00	产品类内容,此时可以打广告,但需要注意方式方法

3)把消息发出去后,可以查看中间栏。中间栏有"群发队列"和"定时任务"两个选择。"群发队列"会显示出任务的进行状况。鼠标停留在某项任务时,会出现"重新编辑"选项,可以单击并再次编辑此内容,如图 4-10 所示。

图 4-10　WeTool 重新编辑选项

单击"详情"选项，可以查看任务进度，也可以单击"再次选择"，将列表里的对象再次添加到发送对象里。

4.6.3 WeTool 好友管理功能

微商为了获取代理流量，将其产品更好地销售出去，加好友这一流程是必不可少的。WeTool 好友管理功能是针对微商每日大量加好友这一特点而存在的，使用这一功能，微商可以轻松完成引流任务。

1．加群好友

单击"加群好友"，在搜索框中输入关键字，选择群，然后可以选择这些群里的非好友成员，最后由系统统一发送申请。加好友时，为了避免加到群主产生不愉快或重复申请同一个人加其为好友，还可以选择"剔除群主"或"删除已发送"，如图 4-11 所示。

图 4-11　WeTool 加群好友设置

由于微信官方限制用户每天加好友的数量，WeTool"加好友设置"的功能就是依此而研发的，如图 4-12 所示。在确认对重复对象的选择后，可选择每日发送好友上限，达到限定数额后，加好友的任务会自动暂停，避免达到微信官方限定的数额。

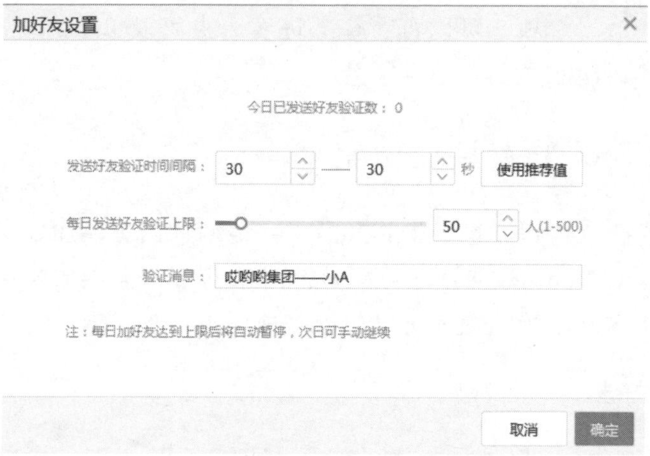

微商团队裂变：
快速打造万人微商团队

图 4-12 WeTool 设置加好友数量功能

建立了加群好友的任务后，系统会自动跳转到"加好友"的首界面，最底端会显示该任务的进度。如果这时候用户发现对方并不是自己想加的人，可以选择"暂停"或"取消"。单击右上角的"配置"功能，可以修改加群好友的频率和上限，还可以再多添加一些群好友进入任务栏，如图 4-13 所示。

图 4-13 WeTool 加好友后再修改的功能

"查看详情"功能是用来展示任务进行状况的，此功能分为"已通过"、"待发送"和"已发送"三种情况，"已通过"可以显示 500 条记录，"待发送"和"已发送"只会展示正在进行的任务的情况,如图 4-14 所示。

图 4-14　WeTool 查看详情功能

2．导入/导出

WeTool 的"导入"功能只支持从该客户端导出的 JSON(Java Script Object Notation,JS 对象标记)文件,并且不能进行编辑,而和用户已经是好友关系的人也不会出现在列表中。

"导入"或"导出"功能的具体作用:

1)引流:吸引大量"粉丝"到自己的微信号上。

2)好友共享:与同行业的人相互推荐好友,实现资源共享。

3)导入白名单:微商一般不会只有一个号,当某个号被封以后,还可以再建一个号。接下来可以在 WeTool 上邀请新号进群,然后将新号添加到白名单中。

4)添加"僵尸粉"为好友:系统会检测出微信号里的"僵尸粉",想要再次加其为好友,可向其发送好友验证。

4.6.4　WeTool 检测"僵尸粉"功能

"僵尸粉"检测功能是在完全不打扰好友的情况下进行检测的,检测完毕后好友不会收到任何消息或提示,只会在用户微信中显示"你已经添加了××,现在可以开始聊天了"的系统消息。

"僵尸粉"检测出来的都是把用户删除或拉入黑名单的好友,用户可以根据检测结果选择"全部导出"或"批量删除"等选项,如图 4-15 所示。若是想重新加其成为好友,选择好友将其导出后再选择"加好友"选项。

若是"僵尸粉"过多,删除好友过于频繁,会出现删除失败的现象。所以在删除大量"僵尸粉"前要对删除频率做出设置,找一个最安全的临界值，建议尝试数值从大到小。

图 4-15 WeTool 测试僵尸粉功能

4.6.5 WeTool 群管功能

群管功能左侧的"踢人设置""名单设置"和"欢迎新人"这三个功能是群主专用的，"私加好友监控"是需要群主和监控号双向开启使用的，剩余的两个功能会应用到用户所管理的所有微信群中。群管功能界面如图 4-16 所示。

图 4-16 WeTool 群管功能界面

第 4 章
万人团队建设技巧

1．踢人设置

开启"踢人设置"功能后，触发所设置的条件的群成员将会被系统移出群，并加入黑名单。被加入黑名单的群成员如果经过其他途径加入用户所管辖的微信群内，也会被移除。

设置触发条件在"修改配置"中进行，在此选项内设置关键词，群成员发送的文字中触发关键词后，会立刻被移除。关键词可输入"招兼职""信用卡"等常见的广告词。

踢人设置中还有"踢发二维码（耗 CPU）""踢发名片""踢发网址分享""踢发小视频"等选项，用户选择开启后，群成员触发这类选项的任意一个都会被系统自动移除，但这些选项对白名单内的用户是无效的。

2．名单设置

开启"踢人功能"时，WeTool 系统会自动跳出设置白名单人员的提示。白名单人员是为了防止误踢管理员、客服等微商群内部人员，当白名单里的成员触发关键词条件时，也不会被系统移出群。

添加白名单人员的具体操作及注意事项如下：

1）将成员拉到用户管辖的任意微信群内；搜索账号昵称，确认成员微信 ID 后，单击"添加"选项。

2）白名单或黑名单都有"导入"或"导出"的功能，方便用户在拥有多个群主号时同步管理。

3）成员同时存在白名单和黑名单里，则以白名单功能为主，黑名单无效。

4）在用户 WeTool 正常开启的情况下，白名单里的成员还可以帮用户维护群秩序，用手机或计算机都可移除微信群里其他违反群规则的成员。

3．欢迎新人

开启"欢迎新人"功能，WeTool 系统会在新人进群时发布用户设置的欢迎语。"修改设置"选项可以根据用户的想法添加欢迎语的内容，除了文字以外，还可以加入图片、表情和链接，让欢迎语的内容更加丰富多彩。欢迎语可设置多条，用户可以根据内容切换欢迎语的前后位置。

"合并项设置"可以调整欢迎语的发布频率。在两个设置项都选择的情况下，以先达到条件的设置项为准。

4．自动通过好友验证

"自动通过好友验证"功能全自动完成"通过好友验证-向新好友发送欢迎消息-入群邀请"的过程，主要应用在用户大量引流的情况下。

用户需要特别注意一个问题，就是使用这一功能就要在微信的"设置-隐私"中选择"加我为朋友时需要验证"这一功能，WeTool 系统才能接收到验证信息并自动操作。

与上面提到过的一样，WeTool 系统每日加好友的数量可以根据用户需求自行设置。当天所加好友达到上限时，"自动通过好友验证"功能就会暂停，需要用户在次日手动开启，而上一次没有处理完毕的好友申请也会继续自动通过。

5．私加好友监控

"私加好友监控"功能可监测群里是否有私加好友的现象发生，有效防止微商流量被挖走。"私加好友设置"需要配置一个或多个监控号在微商群中，群主和监控号双向开启才能使用。监控号检测到微商群内成员私加好友信息，就会发送指定踢人口令给用户，用户可以根据口令选择是否将此成员移出群。

4.6.6　WeTool 统计分析功能

其实在众多微商群里，我们都不可避免地与某些用户拥有一些共同群，微商用户很容易多次邀请这些成员进入自己的微商群，这就很容易让好友感到不适，给微商用户添加好友带来不便。用户使用 WeTool 统计分析功能就可以统计出拥有共同群的好友，有针对性地添加或删除好友，减少名额占用。

1．在群统计

统计微信中哪些好友是和用户在同一个群里的，并且根据用户与好友之间共同群的数量进行分组，分为"0 群好友""1 群好友""2 群好友""3 群及以上好友"。通过查询，可根据需要将好友邀请到其他群里。好友在群统计

第 4 章
万人团队建设技巧

如图 4-17 所示。

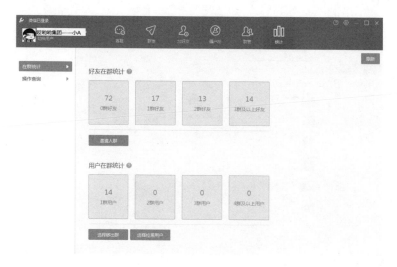

图 4-17 WeTool 好友在群统计功能

单击"邀请入群",分组查看好友列表,可以通过关键字搜索,选择邀请对象,并且编辑入群邀请的内容,内容可用文字、图片和表情的形式。接下来单击"邀请入群",页面就会展示出用户所管理的群,用户可选择哪些群是需要邀请对方进来的,还可以调整发送的顺序。如果同时选择多个群,邀请对象就会收到多条群邀请的信息。

同样的道理,发送群邀请的性质与发送群链接是一样的,为了避免微信官方封号,在邀请对方之前先单击"发送配置",设置合理的邀请信息间隔,如图 4-18 所示。

但是如果用户不是该群的群主,而该群群主又设置了"群聊邀请确认"功能,则对方不会收到群邀请的信息。

"用户在群统计"这个功能只有群主能使用,用来统计群内成员与用户所在共同群的情况,并依此来分组,分为"1 群用户""2 群用户""3 群用户""4 群及以上用户"四个框架。用户可以根据自己的安排,从指定群中移出或加入黑名单。

单击"选择需要移出的群",会分为"2 群""3 群""4 群及以上"三个框架,针对不同类别的对象,用户可以选择需要将这些对象移出去的群。还可以单击"随机保留一个群",如果选择对象所在的群都没有选的时候,则不会移除该对象。这里需要注意的是,用户最好对每一框架下的选择对象进行选择操作后再单击"移出群",如图 4-19 所示。

图 4-18　WeTool 邀请入群功能及其设置

图 4-19　WeTool 选择需要移出群的界面

单击"选择需要拉黑的群成员",同样会显示"2 群""3 群""4 群及以上",如图 4-20 所示。与上面的步骤不一样的是这时候要选择需要拉黑的对象。选择以后,被选对象会从用户管理的所有群中移出并拉进黑名单。同样需要注意的是,用户最好对每一框架下的选择对象进行选择操作后再单击"移出群并拉黑"。另外,"移出群并拉黑"这个功能对白名单上的好友是无效的。

第 4 章
万人团队建设技巧

图 4-20　WeTool 选择需要拉黑的群成员界面

2．操作查询

"操作查询"主要是记录在 WeTool 客户端由系统或用户发起的行为动作，主要包括踢人、屏蔽、检测"僵尸粉"、加好友和邀请入群。这个功能只支持显示当天、近 15 日以内及近 30 日以内的记录，同时还可以查询自定义时间内的记录，如图 4-21 所示。

图 4-21　WeTool 操作查询界面

根据 WeTool 工具的以上六个功能，管理者无论是做培训还是引流量，操作起来都非常简单。微商管理者可以根据这个工具有序管理微商群，达到想要的效果。

4.7　如何营造并维持团队氛围

团队氛围是一个复杂的综合体，是指在工作环境下所感知的氛围，是一种内在体现。最重要的是，理解和评价团队氛围的主体是微商成员，而不是管理者。

4.7.1　正确认识团队氛围的重要性

美国哈佛大学的威廉·詹姆斯教授，通过对员工进行激励研究，发现薪酬制度只能让员工发挥 20%～30%的能力，而良好的工作氛围却使其发挥出80%～90%的能力。

良好的团队氛围可以提高团队活力，增强团队的凝聚力。在积极的团队氛围中，员工因为得到他人的认可，积极地贡献自己的力量，并且全心全意朝着组织的方向努力，在工作中能够随时灵活方便地调整工作方式，使之具有更高的效率。

一个良好的工作氛围是工作效率的一个重要影响因素，非常有利于提高员工工作的积极性。仔细想想，如果每天的工作都要在一个毫无生气的工作氛围里完成，那么不管是谁都会觉得非常压抑吧？这又怎么能好好完成自己的工作呢？所以，如果掌握了一个营造良好的工作氛围的方法，我们就可以把它运用到自己的工作里。管理者还可以从中轻易区分低效率的行为，从而进行有效的改革。

4.7.2　影响团队氛围的主要因素

1）团队的制度要公平：积极的团队氛围，必定是建立在成员们感到"公平"的基础上。如果团队的制度不公平，就会导致成员们存在消极的想法，最后在工作上也不会有好的表现。

2）在精神上要得到支持：每一位成员都会有表现不佳的时候，这时候管理者对其进行精神支持是十分必要的。当成员有一个属于自己的想法时，管理者也应该给予支持，这是对成员信任的表现，会让团队成员信心大增。

3）团队的凝聚力至关重要：团队具有无限大的潜力，而一个团队如果没有凝聚力，就是一盘散沙，失去了本身存在的意义，更别提完成任务了。没有凝聚力的团队，是无法结合在一起的，人心分离，在工作上做不出突出的成绩。所以，提高团队的凝聚力，是有利于有效管理团队，营造一个良好工作气氛的。

4.7.3 营造并维持团队的良好氛围

首先，团队要分工明确，责任细化。只有团队成员分工明确，才能有一个良好的合作氛围。这并不是说团队成员之间各干各的，互不相干，而是确认每一项工作内容具体落实到哪一位成员的手上。这样才不会出现推卸责任的情况，避免影响团队氛围。分工明确还能加强成员的责任感，促使成员认真地完成自己的工作。

就像是在微商团队里，总代理带着各层代理，人数众多。总有一批人代理 A 系列产品，另一批人代理 B 系列产品。如果分工不明确，很容易造成销售上的失误。除了影响团队成员，客户也会因为过于混乱而感到不满意。

其次，要有一个良好的沟通环境。一个团队在发展的过程中，由于各种不同的原因，有冲突是避免不了的。消除团队成员之间的不和，沟通是最好的渠道。而良好的沟通环境，可以让成员之间发表自己的意见，交换彼此的观点，最后解开心结，达成一致。

一个良好的沟通环境，是营造团队氛围的基础。团队成员都有表达自己想法和建议的权利，这有利于团队取长补短，实现共同发展。曾经有一个团队在这方面就做得很好：

2015 年的冬天，因为天气寒冷，某微商产品出现压货的情况。总代理在代理群里说明了这一情况，并集思广益，听取大家的意见。最后总代理采用了代理小 A 提出的方法，把产品配套推销，适当降价。终于在半个月后，该产品又迎回了自己的春天。

再次，管理者要胸襟博大，施展自己的领导魅力。在团队发展过程中，管理者是团队的领军者，所以管理者的言行往往也影响着团队的氛围。微商是一个开发的平台，只要有理想、有目标，都可以加入这一行业。代理们往往都怀着梦想进入团队，希望在微商的大舞台上能一展身手。管理者应该给团队创造一个宽松的环境，让成员们能够施展自己的拳脚，展现自己的实力。管理者一定要放眼未来，胸襟博大，给团队成员们去尝试的机会，这样才有可能给团队开辟出一个新的可能性。

管理者还要言而有信，勇于担当。有的管理者为了激励成员，经常承诺在达到一定标准后会给予丰厚的奖励。事后一定要真正执行，完成对团队成

微商团队裂变：
快速打造万人微商团队

员的承诺，不能言而无信，否则会失去公信力。

最后，营造良好的团队氛围，就要保持团队旺盛的生命力。为了使团队的生命力长久不衰，团队内要有良好的学习风气。管理者要带领成员们加强学习，在工作总结过程中进行沟通和交流，彼此分析经验，不断总结教训。管理者还要在学习中发现他人的闪光点，使团队生机勃勃。

除此以外，还要对微商团队进行文化建设，提高团队成员工作的积极性。为团队成员营造一个互相帮助、互相理解和互相关心的团队氛围，有利于稳定团队成员的工作情绪，激发他们的工作热情，最后合力完成组织目标。

第 5 章 打造培训体系，让代理快速入门

要做有技巧的微商，不要做每天都在努力刷朋友圈、进行微信互动还没有作用的微商。有技巧的微商可以让下级变成业绩高手，而自己可以悠闲地赚钱。想要把这一切变为现实，那就锻造一个完整的培训体系，让代理快速入门，为你吸引更多的客户。

培训体系就是一场心与心的较量，让你洞悉代理的心理，了解他们的心理变化，比费尽口舌去说教要有效得多。本章将打造完整的培训体系作为出发点，从各个角度教会你如何把代理快速带入门。

5.1 培训成员了解产品质量、价格、功效

俗话说得好：选择大于努力。所以培训过程中，要向团队成员充分介绍产品的各种性能，展现产品的优势。等成员们认同了产品的价值以后，再把入门的要领传授给他们。很多新加入的成员，在加入微商团队的第一天，就想赶紧发广告，卖产品。其实这种方式是错误的，毕竟心急吃不了热豆腐。正确的方法应该是经过培训，充分了解产品的质量、价格、功效等方面，从而把根基打好，为以后的营销做准备。万丈高楼平地起，只有把地基打牢固了，楼房才会越搭越高。

5.1.1 培训成员了解产品的质量

如何让新成员快速地了解产品的质量？最好的方法就是让新成员直接使

用该产品。有些管理者觉得这样做成本太高，只要口头宣传一下就好了。但是，管理者要明白新成员本人就是最好的代言人。如果代理连自己的产品都没有使用过，怎么能了解它的质量呢？舍不得孩子套不着狼，想要有收获就首先要投资。但是有些产品的适用对象是有特别针对性的，如男性产品，女代理就无法使用。遇到这种情况，可以让女代理身边较为亲近的男性去试用一下。

5.1.2 培训成员了解产品的价格

关于产品的价格，可能很多人都说，只要按照团队制定的价格来销售不就好了吗？其实不然。团队销售产品的价格，一般是根据产品的价值而制定的。而当产品到新成员手里的时候，需要考虑的因素就更多了。

除了让新成员知道产品的价格以外，还要培养新成员一种思路：在营销产品时，根据不同状况，对产品的价格做出不同调整。例如，有的产品具有季节性，那么在淡季的时候就要适当下调价格；有的产品的客户在偏远地区，那就要考虑邮费的成本。这些都是产品在价格方面需要重视的大学问，所以产品价格是重点培训的内容。

5.1.3 培训成员了解产品的功效

关于产品的功效，是非常需要认真对待的培训内容。产品的每一项功效都要仔细给成员们介绍，并让他们认真背诵。产品具有什么功效，可以与什么进行搭配，在什么情况下使用最佳，这些都要求成员们必须掌握的。

为什么要那么严格呢？成员只有深入地了解产品的每一项功效，才能针对客户的需求，充分介绍产品的功效。无论客户问了什么关于产品的问题，都可以对答如流，让客户折服于成员自己的专业之下。假设某微商团队营销的是护肤方面的产品，该团队就该把成员培养成为一个护肤专家，而不仅仅只是一个代理。

培训成员充分了解产品的功效，增强专业知识，可以让成员提供更多的附加值，产品营销也会一天天变好。客户得到满意的结果后，还会主动免费宣传。只有足够专业，客户才会放心地把自己交到成员的手里，生意也会越来越红火，最后形成一个良性的循环。

5.2 各阶段人员培训内容不同

按照时间与经验来区分,微商成员可分为新成员、旧成员及资深成员。新成员一般都是刚刚从事微商行业的人,要进行初级培训;旧成员积累了一定的经验,火候却还不够,要加强他们的综合能力;资深成员往往在管理上容易出现纰漏,这就需要打造他们的个人魅力,从而更好地引领团队。

5.2.1 对新成员进行初级培训,了解微商流程

刚入行的新成员还是一个"小白",对于行内很多知识都不清楚,所以要培训的内容也会比较多。一般来说,对微商新成员进行的都是基础的培训:了解产品知识,然后经营朋友圈并推广产品,最后经过谈判达成交易。

1)了解产品知识:此处内容在上一小节中具体介绍过了,在这里就不多赘述了。

2)经营朋友圈并推广产品:朋友圈是客户认识和了解代理和产品的地方,是宣传的主要平台。想要在客户心中留下一个什么样的印象,就要营造一个什么样的朋友圈。朋友圈是客户与代理之间建立信任的第一道关卡,所以显得尤为重要。朋友圈主要发布内容如图 5-1 所示。

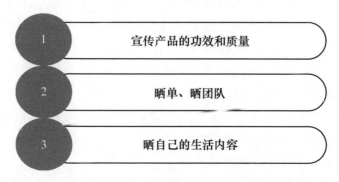

图 5-1 微商朋友圈主要发布内容

微商团队裂变：
快速打造万人微商团队

首先，宣传产品的功效和质量。既然是宣传，当然不能少了产品本身。朋友圈里可以通过一些文案和图片，宣传产品的功效和质量。产品一般都针对什么人群，具有什么样的作用，只有清晰表达清楚这些内容，有需要的人群才会购买。例如，某微商从事的是医美行业，在宣传自己的产品时，朋友圈是这样发的：

有人问：线雕有用吗？

我的回答是：线雕就是一把锁，锁住你的青春！

满脸皱纹的时候，再想去做线雕，一切都已经太晚了。线雕可以缓解皮肤衰老，激活皮下组织的修复型胶原蛋白，阻拦你衰老的道路。

所以，聪明的人花钱抗衰，比花钱穿金戴银更有价值。

线雕提升术！针线间把青春定格！你值得拥有！

这个文案宣传，把线雕的功效诠释得清清楚楚。衰老是必然的，没有人不害怕衰老。但是如果有一项技术，能够有效地缓解衰老，爱美的人士自然不会错过这样的机会。

另外，新成员非常有必要向客户证明产品的质量。新成员可以通过晒产品的代言人、质检报告、得过的奖项等方面证明产品的质量；还可以搜集一些测试产品安全的方法，录制小视频，让客户亲眼看到产品的质量。

其次，晒单、晒团队。通过朋友圈晒单，不仅仅可以晒一些打款的截图，还可以晒客户的反馈。王婆卖瓜，自卖自夸。自己说产品有多好，别人是不一定相信的，但是如果有使用过的客户对产品进行反馈，那效果就不一样了。客户是产品最有效的说服者，通过客户的叙述，产品的功效得以宣传。一般来说，可以晒客户使用该产品之前和使用之后的对比，如卖减肥产品的团队成员，就可以根据一段时间的观察，发图证明客户使用产品后，前后瘦了多少斤。这样的效果对比很有说服力，有想法的客户都会主动购买。

团队总能给人一种安全感，那是一种依靠与归属。新成员在朋友圈中可以偶尔宣传自己的团队，证明该产品有着强大的团队作为坚强的后盾，是具备足够实力的。晒团队可以让客户对产品产生一定的信任，因为只有产品质量过硬，才能拥有那么多的代理。

新成员可以晒团队的公开课或培训会，给人一种专业的感觉；还可以晒团队与某些名人合作或获得的重大奖项，营造出团队无限发展的可能性；还可以晒团队成员们互相交流的聊天记录，或者在线下进行聚会的合照，以此展现团队生活的多姿多彩。

最后，晒自己的生活内容。如果朋友圈从头到尾都只是在宣传自己的产品，会让客户觉得没有人情味，从而也会产生疏离感。所以，朋友圈里应该添加一些日常生活记录，让客户知道，团队成员是有自己生活的真实人物。

例如，宝妈可以晒孩子，大学生可以分享大学生活，白领可以发一些上班趣事等，给大家展现一个真实的自己；还可以发一些外出旅游、享受大餐等内容，让大家觉得你通过这个产品，生活过得丰富多彩。这些生活内容可以降低客户的抵触情绪，吸引客户的注意力，用生活感染他们，从而产生互动。

3）与客户谈判：生活无处不谈判。交易过程中免不了进行谈判，所以作为一名微商，也要跟客户谈判。对客户来说，他需要一款能够有效解决自己需求的产品。客户购买产品都是为了得到结果，所以要培训新成员谈判的技巧。

例如，做减肥产品的微商可以给客户这样一个承诺：只要你按照我们的要求去做，一个月至少能瘦 8 斤。一个月内没有效果的话，我们就给您全额退款。从客户的角度出发，承诺给客户一个结果。当客户得到承诺后，会觉得自己的购买风险有所下降，购买产品的概率也会大大提升。当然，给出这样的承诺的前提，是对自己的产品相当有自信，而且产品也确实能满足客户需求。

鉴于代理的产品和客户都不一样，新成员谈判技巧和沟通方式也有所不同。只要把握好客户的核心需求，站在客户的角度考虑问题，让客户感觉到自己的想法是有人在意的，自然就会愿意支持这个产品。

5.2.2　培训旧成员的综合能力，引导"粉丝"成为代理

新成员经过培训后熟悉了一定的销售方法，经过历练后，新成员会变成旧成员。他们在微商行业从事了一段时间，也积攒了一定的经验。但是，学无止境，他们还是要接受新的培训，从而完善自己。旧成员需要学习的内容，虽然比新成员少，但是学的内容都是精华，十分有用。

旧成员需要不断地提高营业额，并且保持稳定增长。当达到一定的营业

额时，自己也就忙不过来了，这时候就需要为自己招收代理，也就是引流。引流主要是通过网络各大平台对自己的产品进行宣传，吸引有需求或感兴趣的客户主动加你。

引流的途径我们在第二章中已经提过了，具体是：通过自媒体平台广告、与名人大咖合作、QQ、微信、论坛等各大平台、自建培训群、软文招聘、友情互推、手机 App 等方式招聘代理。下面我们要讲的培训内容是旧成员在引流后如何引导"粉丝"成为代理。

"粉丝"的需求无非就是找到一款好的产品，跟随一个好的领袖。产品质量的好坏，决定了代理的发展。只有好的产品，才会不断得到发展，招收代理就是产品质量的最好证明。而一个好的领袖，就是能够扶持并带领"粉丝"走好微商这条路，一起朝着共同目标前进，这也是所有"粉丝"的共性需求。从这个角度出发，旧成员对自己的定位不仅仅是一个优秀的微商，还是一个团队的领导，让"粉丝"因此而产生兴趣。

接下来，展现自己的专业实力，让"粉丝"对你产生崇拜感。有上进心的人都有一个共性，就是喜欢与优秀的人接触。接触优秀的人，会让人成长速度加快。所以，旧成员要在"粉丝"面前体现出本人的专业实力。这样一来，"粉丝"们内心就会蠢蠢欲动：这个人实力强大，如果我加入他的团队，会使我快速成长，达到自己的目标。

除了这些以外，还可以通过展现自己多姿多彩的生活，彰显自己的能力和魅力，从而向"粉丝"传达出一个意思：加入我的团队，你就会有强大的团队作为后盾。跟我们团队一起作战，可以过上更美好的生活。

5.2.3 培训资深成员的领导能力，打造个人魅力

资深成员必然是在销售业绩上有着突出成绩，经验上也老道熟练的人。很多人觉得，既然都走到了这一步，怎么还需要培训呢？培训新成员，是为了实现个人的小目标，培训资深成员，为的可是团队的大目标。很多人都瞄准了微商发展的商机，却不懂如何领导自己的团队。所以，应该培训资深成员的领导能力，打造他们的个人魅力。

很多人经过九牛二虎之力引流成功了，也引导其成为自己的代理了，可是代理正在一个个消失。这个时候，资深成员应该问问自己，自己为这个团队做了什么？带领这个团队的时候，是在物质上带领他们赚到钱了，还是在

第 5 章
打造培训体系，让代理快速入门

感情上对他们关怀备至了？如果都没有，那代理们为什么不离开？就像一对情侣谈恋爱，如果甲方既不能给乙方带来良好的物质生活，又不能给予情侣间应有的问候与关怀，两个人很可能会分手。

所谓态度决定一切，想要壮大团队，获得成功，就要摒弃单打独斗的陈旧观念，建立团队化作战的发展观念。资深成员要多了解和关怀自己的团队成员，与他们进行双向沟通。每一个人都希望自己能够得到重视，希望工作能力能够得到肯定。所以，多花点时间了解团队成员的性格特点和兴趣爱好等，而不是除了产品的交易，对其他都不闻不问。

千里马也需要伯乐的赏识，每个人都有自己的优势和劣势，可以提供的资源也不太一样。有的成员擅长交流，却不够细心；有的成员文案写得很好，性格却十分冷漠；还有的成员对产品了解得十分详细，却不懂如何与客户进行交流。资深成员这时候应该因材施教，把每个人的优势充分挖掘出来，取长补短。

有了感情的基础，再在物质上更上一层楼，岂不是更完美？物质上的完善并不是让资深成员给代理们发钱，要是这样做，就算是富翁，其全部家产也不够发的。物质上的完善是指传授成员销售经验，带领团队成员一起走得更远。资深成员也是从小代理一步步走过来的，积累的经验数不胜数。所以，传授给成员们一些有效的经验，可以提高他们的销售额，共同进步，让他们在物质上也可以得到满足。资深成员还可以经常举办一些小活动，获胜者获得丰厚的奖励，也可以提高团队成员的工作积极性。

除了这些，资深成员还要在精神上进行自我修养，培养自我学习的能力。要带领团队发展，首先自己就得发展。如果团队在发展过程中遇到了问题，而身为领袖的你却无法解决，或者并不打算解决，这样的团队是走不远的，又怎么能说服大家一起跟随你呢。这样的做法会让团队成员们认为：资深成员就只不过是一个可以提供货物的仓库，给不了更多的帮助。当成员们遇到更好的团队，必定会先舍弃原本的团队。所以，资深成员还需要多学习，提高自己的能力才是上策。

俗话说得好：人争一口气，佛争一炷香。资深成员要以身作则，树立起一个榜样的形象。观望不会带来收获，只有行动才是王道。资深成员要努力争取好的资源，分享给团队成员们，让大家迅速成长和赚钱，从而把团队做大、做好，迎来更大的市场。

5.3 不同发展阶段选择不同的培训方式

曾有一个一线代理找到我，她说："我很重视对团队成员的培训，我觉得那是大家不断前进的基础，可是怎么就培训不出效果呢？"后来，我去看了几场她们团队的培训会，发现这个团队培训时就是"换骨不换皮"，尽管培训内容换了，但方法还是一样的。

培训的方法不能一样吗？内容足够丰富不就可以了吗？其实，成员培训就像是上学，学历每提高一个等级，培训的方法自然也要不一样。大家想想，如果一个大学生还是每天被老师手把手教写字、喂吃饭、哄睡觉，那肯定会变成"巨婴"，怎么会得到成长？所以，对待各个阶段的成员，培训的方式要有针对性，有的放矢，才能起到"一把抓"的效果。

5.3.1 培训新成员，方法要简单

很多新成员都是第一次接触微商，接受知识的能力还比较弱。培训新成员，要像对待璞玉一样，轻雕慢琢，才有机会把其雕成一块美玉。对新成员进行培训，可以选择使用讲授法、视听技术法和课件培训法这三种基础的方法，如图5-2所示。

1. 讲授法

讲授法是较为传统的培训方式，是指培训讲师通过口头语言向新成员提供产品培训、业务培训，使新成员能够有效了解微商工作流程，以实现有序正常的发展。

通过讲授法，讲师可以把深奥、抽象的概念理论转变为形象具体、浅显通俗的基础知识，让新成员在培训过程中排除对微商畏难的情绪，使培训变成一件轻松简单的事。使用这个方法，培训讲师很容易控制培训的整个过程。

这个方法运用起来十分方便，对培训讲师也没有太高要求，只要有相关

经验即可。但是,讲授法是讲师向新成员单方面传递信息,反馈效果差,所以只能用来培训一些理念性的知识。事实上,讲授法是最基本的传授方式,其他的培训方法基本都需要讲授法加以辅助才能发挥其价值。

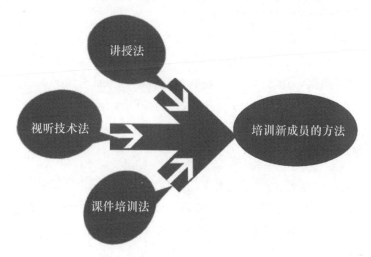

图 5-2 培训新成员的方法

2. 视听技术法

在 20 世纪,心理学家特瑞克勒(D.G.Treichler)提出一个理论:如果一个人在心理和生理上都没有问题,所有用于获知外界信息的器官里,视觉的使用占了 83%,听觉的使用占了 11%。视听技术法就是在这个理论基础上,充分运用视觉和听觉作为培训辅助工具的方法,这种方法强调在培训的过程中让听觉与视觉相结合,从而达到培训预期的目标。

通过视听技术法向新成员进行培训,让培训过程变得更有趣,并且表达的内容直观鲜明,新成员也容易留下一个深刻的印象,可以大大地提高培训的效率,缩短培训的时间。但是使用这个方法,反馈与实践效果都比较差,一般用于培训微商团队的发展概况、文化理念或技能培训等概念性的知识。

3. 课件培训法

课件培训一般都是由微商团队制作或购买的培训流程,新成员要主动通过课件学习微商的基础知识。微商经过近几年的快速发展,相关的培训课件已经准备得相当完整,用来培训新成员是完全没有问题的。

课件培训法对时间和场地没有要求，新成员们可以有更多的自由时间。通过课件培训法，新成员们对基础流程了解得更透彻。例如，培训如何经营朋友圈，成员因为一时失神没有听清楚，或者哪天忘了这个流程，还可以再复习一遍关于这个流程的培训内容。

课件培训法减少了场地费用，也不需要邀请大量的培训讲师。而且当培训的课件生产出来后，可以大量地对新成员投入使用。培训的课件可以重复使用，提高资源利用率。但是，制作或购买课件的成本比较高，而且里面的内容很容易过时。除此以外，讲师与成员基本没有互动，问题得不到有效反馈。

5.3.2　培训旧成员，方法要有趣

旧成员学习的东西比上不足，比下有余，就像是聪明好学却有点小叛逆的初中生。想要引起他们的注意，培训方式一定要寓教于乐，培训内容好玩有料。而案例研讨法和模拟游戏法都是比较具有娱乐性的培训方式，恰恰符合他们这个阶段的需求。

1．案例研讨法

案例研讨法是培训讲师向旧成员提供一定的案例资料，并让旧成员通过分析案例获得合适的解决方法。案例研讨法使用的是具体的实例，形式直观生动，让人仿佛身临其境，便于旧成员学习和理解。而且使用这个方法，还可以集思广益。案例研讨过程中，讲师可以调动旧成员集体的力量，开阔思路，共同探讨问题，可以收到一个良好的培训效果。

规划一个好的案例要花费很长时间，而且编写也需要有相关的技能和经验，要紧扣主题，还要举一反三，在各方面都可以加以论证，所以对培训讲师的要求非常高。案例研讨法不是谁都可以参加培训的，被培训的旧成员要有一定的分析和解决办法的能力。

2．模拟游戏法

模拟游戏法是两个或两个以上的参与者在一定的规则下相互竞争，最后达成游戏目的。培训讲师可以根据培训主题，以游戏的方式让大家参与进来，并从中引导旧成员做出决定，最后收获培训效果。

玩游戏是一件有趣的事情，模拟游戏法能够充分调动旧成员的积极性，

引发旧成员学习的兴趣。而且在培训过程中，旧成员学习到的东西与游戏情景互相联系，对于学习的内容也就理解得更为深刻到位。

模拟游戏法花费的时间比较长，有一些游戏内容需要大量的准备材料，耗费人力与物力较多。游戏还不能直接体现现实的残酷，旧成员们一旦做错决定所产生的严重后果，在游戏里是不用承担的，这并不符合现实规则。

5.3.3 培训资深成员，方法要专业

有人说："培训资深成员太难了，他们经验多，学习能力又强，普通的培训方法根本不起作用，要不让他们自学算了。"

是的，资深成员一般都比较优秀。人们通常都只愿意向比自己优秀的人学习，所以培训资深成员的讲师一定要非常专业。不仅如此，讲师还要带动整个培训过程的气氛，让资深成员对培训内容提起兴趣。上面提到的自学法固然不错，但是自学需要很强的自觉性，还缺乏实践性内容，使用这个方法，怕是没有多少资深成员能做到，做到了也学不到精髓。所以，下面给大家推荐一个很好的培训方法，那就是专题讨论法。

专题讨论法多以微商专题演讲为主，讨论过程中允许资深成员与讲师进行交流沟通。这种方法可以将信息多向传递，资深成员乐于参与讨论，巩固其培训知识。除此之外，此方法还可以训练资深成员的思维能力，同时还可以改善资深成员人际交往的能力。

专题讨论法操作的复杂性强，讲师要有经验地引导资深成员思考，对资深成员提出的问题或意见要有专业反应，并表达出自己的切身感受，非常考验培训讲师的综合能力。正因为这样，这种方法的花费也会比较高。除了邀请专业讲师的费用，还有场地及其布置，以及聚集资深成员的费用等。

5.4 摆脱"填鸭式"培训

在当前的培训方式中，使用"填鸭式"培训的人越来越多。在那些人眼里，"填鸭式"培训能够迅速学习大量知识。随着社会的进步，越来越多的

人开始反对这种培训方式。

5.4.1 什么是"填鸭式"培训

小 A 是微商的一个培训讲师，有一天接到上级通知，让她到某微商公司对新成员提供微商产品和业务培训，同行的还有其他几个方面的讲师。于是他们浩浩荡荡地出发了。简单的开场白过后，小 A 先开始讲话。小 A 大概介绍了该微商团队的概况和营销流程，然后在现场进行解释和回复。然而小 A 讲完以后，并没有几个人提出问题。

接下来是该公司绩效考核方面的讲师小 B 进行培训，具体解释了奖罚的细则。因为绩效考核关系到大家的贴身利益，所以有不少人提出问题。最后是小 C，传授工作的方法，还有营销中需要注意的问题。

就这样，几个人匆匆忙忙地完成了这一天的培训。培训结束后，新成员一窝蜂地往外跑。小 A 觉得很奇怪，就问他们的管理者。管理者说他们赶着去吃饭，晚点儿还有一场培训。小 A 大吃一惊，问他们这样一天接收那么多信息，能记得住吗？管理者不在意地摆摆手，记不住就记不住吧，先听了再说。

小 A 培训的那个公司所进行的便是"填鸭式"的培训。"填鸭式"培训就是快速结束某一个业务的专题培训，然后立刻开展另一个专题的培训，不在意团队成员有没有消化掉这些培训内容。

5.4.2 "填鸭式"培训的危害

随着微商行业业务范围的扩大和产品的推广，不少产品营销都要发生变化，这就需要有一个传授专业知识的方法，就是对业务进行培训。但是现在社会的竞争越来越激烈，大家做事都急于求成，于是"填鸭式"培训就这样形成了。

然而，"填鸭式"培训真的可取吗？这样的培训效果好吗？对于被培训的成员来说有多大意义？依我看，"填鸭式"培训不可取，培训效果不好，对培训成员来说意义不大。下面就和大家一起讨论一下"填鸭式"培训的三大危害，如图 5-3 所示。

第一，"填鸭式"培训使成员吸收不到培训的精髓。对于每一场培训内容，都要给成员一个适应的过程，慢慢去消化和吸收精髓。而"填鸭式"培训就像赶场似的,一股脑儿地往团队成员的脑子里灌知识,成员们承受不住,就会"左耳进右耳出"。培训一结束,什么也不会记得。

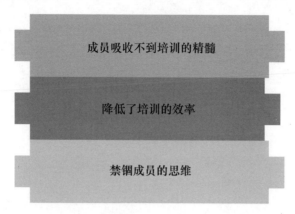

图 5-3 "填鸭式"培训的三大危害

第二,"填鸭式"培训降低了培训的效率。什么东西都该适量,再好吃的食物,吃多了也会反胃。培训的真正目的是让成员们经过培训而掌握微商的相关知识,不断提高自己的能力。"填鸭式"培训非但达不到这样的效果,还会让团队成员感到身心疲惫,从而对微商团队的培训产生抵触情绪,极大地挫伤了团队成员学习的积极性。

第三,"填鸭式"培训还禁锢了成员的思维。培训成员只知道这个重要,那个也重要,但是"填鸭式"培训并不会告诉他们为什么重要。团队成员不能理解这些培训为什么是这样安排的,具体有什么意义。成员们学到的"重要"的知识点,只是上级领导指示它很重要,而不是自己认为它确实很重要。

有人说,"填鸭式"培训也有它的优点,至少能让团队成员用最少的时间了解最多的知识。这点是肯定的。但又能记住多少知识呢?"填鸭式"培训只会让成员的思考、分析和解决问题的能力逐步退化,失去了培训的意义。

5.4.3 拒绝"填鸭式"培训

"填鸭式"培训满足不了微商团队发展的需求,还会挫伤成员学习的积极性。因此,我们要拒绝"填鸭式"培训。那么,如何摆脱、拒绝"填鸭式"培训呢？具体做法如图 5-4 所示。

图 5-4 拒绝"填鸭式"培训的三种做法

首先，要制定合理的培训次数。从早到晚都培训，有时间就培训，团队成员肯定会产生厌烦情绪。微商团队要综合考虑发展需求，合理安排培训时间，不要盲目培训。培训次数太多，只会让团队成员什么也学不到，效果适得其反。

其次，要重视培训的质量。反复多次地对某一个主题进行培训，十分浪费微商团队的资源。培训的精髓不在于多，而在于管用。所以，微商团队的培训应该一次性把某一个主题细致化。我们可以在培训之前，对团队成员做一个调研，了解成员的情况与需求。然后，根据成员重点缺失的内容制定培训的主题。培训过后还可以制定后期的追踪寻访，调查培训效果。即使之后要对团队再次进行这一主题的培训，也和上一次隔了一定的时间。

最后，传授思考的方法。微商的知识总在不断地更新，现在培训的知识说不定以后就不适用了。授人以鱼不如授人以渔，微商团队成员培训过程中，讲师不仅仅注重传授知识，还要引导成员思考。讲师应该培养团队成员独立思考的能力，让成员在思考创造中获取成功。举一反三，学会了独立思考才能事半功倍。微商行业发展迅速，如果团队成员只知道等待有人喂食，而自己却不去摸索如何觅食，早晚是要落后的。

例如，为了让每一位代理商都能成长起来，某微商集团建立起了完善的培训体系，通过微信随时向代理商传递最新的营销经验，促使其快速入门，打出知名度，树立良好口碑。

在集团中，每一位新代理都要通过微信参加 10 个课时的"新生大课堂"，全面系统地培训产品知识、销售技巧和管理技能。通过这些微信课程,每一位代理商都会重新认识自我潜能,树立起正确的人生观和价值观,让整个代理商团队实现良性发展。此外,还有很多微商实战培训则会通过微信群全国同步直播。

除了培训,集团总部还为代理商制订实战的营销方案,通过微信做到全国联动。例如,2016年6月举行的"28天瘦身营"中,由集团总部制订营销方案,细化到每一天每一餐的食谱,以及怎样建立百人微信群,甚至连群规都已经提前拟定好了,然后全面系统地讲解活动的操作方法。在这种成熟的培训体系下,每一位代理商都可以独当一面。

从以上案例中我们可以看出,该集团主要通过微信对团队成员进行培训。在其培训的过程中,集团重视团队发展,全面系统地向成员们培训产品知识、销售技巧和管理技能。不仅如此,集团为了提高培训的质量,制订实战的营销方案,向每位成员全面讲解了活动的操作方法,甚至细致到提前拟定群规,让每一位团队成员通过培训后都可以独当一面。该集团的培训方式就是彻底拒绝"填鸭式"培训,向富有效率的培训方式出发。

5.5 快速培训最有效的方法:模仿

可能有人看到这一小节会很生气:模仿不就是抄袭吗!这种培训方法当然快,因为自己完全不用努力就可以获得别人的成果。

朋友,冷静一下,我们要弄明白一件事:模仿不是抄袭,这是两个概念。模仿是在学习别人方法的过程中形成自己的观点,而抄袭是盗取别人的果实。模仿能让我们少走弯路,更快地掌握正确知识。

5.5.1 模仿是入门的第一步

当初我进入微商行业,对很多东西都一窍不通,靠的就是模仿才慢慢形成了自己的风格,从而走到了今天。就像是小时候上学,老师总是让你背课文,尽管你并不理解那篇文章具体要表达什么。念到初中,你发现自己能轻易地理解那些课文了，可是这时候你又要背生硬拗口的文言文。但是背着背着，你又发现那些之乎者也其实也很简单。

做微商同样需要模仿，正是因为善于模仿，微商才会在这几年以那么快的速度成长。经过长时间的模仿，团队的成员很快就可以摸索出自己的方法，逐渐开始制订属于自己的方案。大家要怎么模仿才能模仿出自己的风格呢？

5.5.2 模仿别人的方法

模仿是一种很好的学习方式，当自己不知道怎么做时，就去看看别人都是怎么做的，又是为什么能做得那么好。怎么去模仿别人？例如，进行产品推广时，你可以看看别人在朋友圈发的文案主要出色在哪里，再综合修改一下，然后成为适合自己产品的文案。

除此以外，还可以每天多从网络上看看别人是怎么发广告的，模仿并学会改装。久而久之，这种模仿过来的方法就会变成自己的习惯，最终成为自己的技能。

模仿确实是一条捷径，能帮你巩固好自己的基础，掌握一定的技巧，最后形成自己的风格。很多人总是大声嚷嚷着说，这个太难了，我学不会。其实不是学不会，而是不愿意花时间去模仿别人成功的模式。模仿是成功的必经之路，是学会技巧的基础。把这一基础给打好，后面的路才能越走越稳。

但是大家要弄清楚一件事，模仿不是普通的大学考试，只要到了 60 分就够了。60 分的模仿只是最基础的，做着及格分数的试题，是永远也达不到优秀的。模仿不仅仅是战略要点的分析，还是整个模式的学习。

不管做什么事，总有人想要小聪明，好走得比别人更容易一些。所以，有人喜滋滋地想：反正模仿就是为了发展，那我就只模仿其优点，缺点就算了吧。这就像某人写的微商产品文案，精准而有效，这一点是非常值得学习的。但是这篇文案内容太多，需要推敲的细节也多，显得太麻烦，这一点你并不想学习。于是你写到最后时会发现，不学习它如何推敲细节，你就学不会它的精准。精准往往是建立在细节的基础上的，细节上阐述多了，内容自然会变得多起来。

其实，一个人优秀并不是指在一个点上的优秀，而在于整体，每一个优秀的人的优点和缺点都是有缘由的。如果一个人只学习别人优秀的地方，将其他方面都忽略掉，那么学到的就只是表面现象，很难了解事情的整体。不了解事情的整体，就很难把别人的模式给模仿出来。因此，想要模仿别人，应该模仿其所有内容，如说话方式、对问题的看法、喜好等。

5.5.3 微商应模仿什么内容

说了那么多，大家也知道了模仿的重要性。那么，在微商行业，最基础的模仿内容是什么呢？我认为是以下三个方面，如图 5-5 所示。

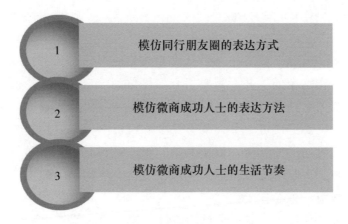

图 5-5 微商应模仿的三大方面

第一，模仿同行朋友圈的表达方式。经营一个好的朋友圈，是微商成功的一个捷径。做微商可以成功的人，首先朋友圈一定具有很大的吸引力，内容是经过细细雕琢的，里面的每一个字、每一张图都是经过精心设计的。

朋友圈经营模式不当，很容易被好友屏蔽。模仿同行朋友圈的表达方式，看看他是怎么做到让好友觉得赏心悦目的，是怎么打广告还不会引起好友反感的，或者是怎么在朋友圈和好友进行互动的。

第二，模仿微商成功人士的表达方法。社交水平的好坏直接影响着微商团队成员的销量，而社交首先就靠交流。怎么才能做到与客户交流时没有一句废话，还能精准地把意思传达给客户，这些都是需要学习的。

微商里的成功人士说话基本上是很谨慎的，既不会冒犯到别人，还会让人感到很舒服。因此，微商团队成员要学会注意别人说话的细节，并进行总结，从中获取说话技巧，并加以运用。

第三，模仿微商成功人士的生活节奏。平时上班是拿钱做事，只能按照老板规定的标准去工作，内心无奈的同时，其实也该庆幸有人管理。做微商不一样，微商等于创业，最重要的就是实现自我管理，这对于自制力差的人来说，简直就是世纪大难题。

而微商能做成功的人，往往都有一套严谨的生活节奏，甚至比朝九晚五还要忙碌。早起的鸟儿有虫吃，他们的生活节奏往往带动了微商事业的发展。所以，模仿成功人士的生活节奏，有利于挑战成员们的惰性，实现自我管理。

5.5.4 模仿以后怎么做

还有人说，模仿不就是在失去自我变成其他人吗？我不想成为另一个人的复制版。其实这个问题并不需要担心，模仿到一定程度时，模仿的东西就会和自己本源的东西相互抗争，最后结合成为一种只属于自己的东西。

模仿也不仅仅是模仿一个人或一件事，模仿出精髓后，就要进行下一个模仿。经过长时间的变换后，你所具备的东西是长时间不断模仿而堆积起来的。就像从小到大学习语文，你跟着那么多语文老师学习知识，最后不可能只变为他们其中一个的样子。

在这之前，我们应该藏住自己的本性，模仿得越快，出师也就越快。世界上没有完全相似的两个人，大家要相信自己，人体有一种自主性，不管怎么模仿别人，它都还会以自己的方式存在着。但是模仿不代表着复制到底，一味地复制别人的朋友圈，如果不从中学习其思维，就很难得到成功。

5.6 让成员养成学习型自我培训模式

不是每个人都能成为马云，不是因为时机不好，不是因为资金不足，也不是因为天赋不够，而是因为怠惰。做微商这一行业，时间非常自由，没有人管束就会懒惰。人们最大的敌人就是自己，也正是因为这样，团队成员才要挑战自己的惰性，时刻督促自己进步。

5.6.1 快速锻造自我培训模式

我的每一次培训都让微商团队的管理者放开双手,让成员们也学着管理自己。学习型自我培训模式可以让问题通过培训得到解决,从而提高成员的工作效率,也方便管理。如何让成员快速学会这一模式呢?具体可参考以下四个步骤:

1. 将问题变成培训课题

工作过程中难免会遇到问题,这时候就可以把这些问题总结起来,转化为培训的课题。例如,最近客户的投诉率增高,以及发货出现了哪些小故障等,成员们都可以通过一起讨论,从中获得解决的方法。

2. 将工作现场变成培训现场

什么时候培训?在哪里培训?有工作的地方就可以有培训。微商工作出现了问题?没关系,工作的地方就是培训的地方,有问题在现场集中解决。这种培训方式为成员们提供了不少的便利。

3. 将考核单变成培训单

考核单对于业绩不好的成员来说,真的像是不及格的成绩单。但是提高差生成绩的方法,不就是找出错题,分析答案吗?通过考核单分析团队成员存在的问题,将这些信息转变为培训的内容。团队成员经过这些培训后,清晰地知道问题所在,就可以避免再次犯同样的错误。

4. 将工作例会变成培训会

例会是必不可少的,它通常总结了团队成员在一定时间内的工作表现,还提出了接下来的工作目标。但是例会通常是管理者一人在上面"欢唱",全体成员在下面"瞌睡"。我们可以改变传统例会的模式,每个人都可以"欢唱",让成员充分参与其中。

5.6.2 打造自我培训体系需要做好的事情

打造一个完整的自我培训体系,有利于成员处理问题时正视自己,"有则改之，无则加勉"。成员们具体还要学会哪些内容，才能够完成一个完整的自我培训体系呢？依我看，做到以下四个方面就够了，如图5-6所示。

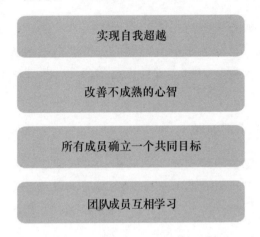

图5-6 打造自我培训体系应做到的四个方面

1. 实现自我超越是修炼的第一步

诗琪是我的一位微友，跟她长时间接触以后，我发现她每个月的销售额都是5000元左右，雷打不动。我问她这是怎么回事。诗琪说："5000元基本上就是我们团队的一个平均数，反正只要做到不垫底，我就很满足了。"

每个团队里总有这样的人，永远不会是最差的，但也从来没有优秀过。这样的成员工作起来没有任何的积极性，整个团队也会因此止步不前。优等生主动求变，差等生被动应变。面对这种情况，应该鼓励成员实现自我超越，主动自学。不待扬鞭自奋蹄，主动进行自我学习与修炼。

我见过有人一听到实现自我超越就放飞自我，哪怕上个月自己的销售额是1万元，非要决心超越上个月的业绩达到100万元。没有具体的实施计划，没有适当的宣传推广，只有雄心壮志，那么100万元怕是要从梦里获得了。

给自己许下了一个愿望是没有错的，但实现自我超越要先从小目标开始，一个个去超越。例如，这个月先超越5000元，下个月超越1万元。成员要集中自己的精力，培养足够的耐心，客观看待实际情况，没有什么是一蹴而就的。给自己制定大目标不是不可以，但要稳步前进，一步登天是没有稳定基础的。

第 5 章
打造培训体系，让代理快速入门

超越自我，要分清理想与现实的实际距离，然后激励自己，不断前进。另一方面，还可以通过发现自己的不足，持续改善自我，培养不断学习的能力。

2．人无完人，督促自己改善不成熟的心智

有人提出疑问，心智不成熟不是小孩子才有的体现吗？事实上，心智是最不容易被察觉的，它根深蒂固，严重影响着人们的认知与行为。心智不成熟主要体现在以下四个方面：

首先，发现有问题立马归罪于他人。"这个客户怎么回事？跑过来问我又不买。害我没能实现给自己制定的目标。"这句话大家经常听到小美说。小美就是典型的心智不成熟的体现，一旦出现任何问题，总是推卸责任，认为自己没有做错任何事。通常遇到这种成员，就应该严厉指出她的不足之处，并让其深刻反省自己的行为。

其次，做事墨守成规，一成不变。在人们的潜意识当中，人们往往会有这样一种观念：我以前就是这样做的，现在也还会这样做；或者说，你看别人都是这样，我当然也要这样做。习惯就像是一把锁，让他们自我设置限定，没有创新意识。

微商行业发展越来越快，一些固有的处事方法已经不再适合现在的环境。成员们不能再依照经验办事，否则容易影响团体的变革，从而有可能失去市场契机。

再次，思维以偏概全。盲人摸象的故事都听过吧？它非常典型地叙述了成员心智不成熟的第三大问题，就是局限性思维。很多人都觉得自己看到的一部分就是全部，并依此来做出错误决定。

最后一种心智不成熟的表现我认为是最严重的：心态不正。"凭什么她可以卖那么多产品，而我不行？她肯定使了什么小手段。""她怎么卖得那么好啊，我一点也比不上人家。""人家都卖得那么好，就我一个人卖得不好，这个社会真是不公平。""呵，就我一个人卖得那么好，其他人永远也别想跟我比。"

以上的不服气、泄气、埋怨及自以为是全都是心态不正的表现，当然还有其他的形式。只要存在着这些不良心态，就会影响团队成员各方面的发展，从而出现负面效应。

团队成员应该时常反思自己，在团队里不断地照镜子，改变自己不正确

的想法。只有这样，才能真正地改善不成熟的心智。

3. 团队所有成员确立一个共同目标

目标是团队前进的方向，为团队提供了强大的动力。共同目标已经是一个老生常谈的话题了，那么，如何督促成员在自我培养的情况下，确立一个共同目标呢？

共同目标既要体现出微商团队的大目标，也要和成员们的具体目标结合起来。首先，引导成员们了解什么是目标，为什么要建立一个共同的目标。总有人想不清楚团体的作用，觉得完成自己的目标就够了，团体的目标跟我没有关系这时候管理者就应该及时纠正成员的错误思想，给他们普及共同目标的重要性。

其次，让每一位成员认真思考自己的目标。举一个简单的例子，A 平时一个月的销售额大约是 5 万元，但是为了积极响应确立共同目标，于是给自己定了一个 20 万元的目标。这时应该适时站出来劝告 A 要做力所能及的事，否则当 A 把目标设定得太高，最后却没有完成的时候，心里会产生挫败感，以后很难再激发起积极性。

最后，在个人目标的基础上，成员们一起确立一个共同目标。设定的共同目标不能太难也不能太容易，要有一点挑战性。仔细想想，这还是一个很有爱的画面呢。团队的所有成员贡献自己的力量，为了共同目标一起奋斗。

4. 团队成员互相学习是整体能力提升的过程

问大家一个问题，大家都知道超级英雄可以拯救世界，但当世界各地都出现了危机，超级英雄却只有一个的时候，该怎么办？从这个问题上，我们可以看出来，一个人的能力再突出，也不能支撑起整个团队，对团队的发展也不会有太大的促进作用。

每一个人都有自己的长处和短处，团队学习要求成员们充分发挥自己的优势，减少短板，让团队能够达到一加一大于二的效果。成员们只有相互学习，形成一个共同的思维，才能从根本上解决问题。提升成员的整体能力，让微商团队里的每一位成员都成为英雄，维护好自己所管辖的那片区域。

第6章 游戏化管理微商团队七要素

在传统的雇佣方式里，大部分人都在努力保住自己的饭碗，很少出现中途离职的状况，而现在这种雇佣的方式已经不再稳定。团队寻找和培训人才的成本越来越高，目前加入微商行业的成员大多数都是"90后"，有的人换工作比换衣服还快。为了改变这一现状，让优秀的成员有足够的理由留下，微商团队应该正视时代的变化，改变管理的方法。

游戏化管理是一种将工作场景转换为游戏场景，并且以游戏的方式进行管理的方法。游戏化管理可以寓教于乐，通过微商团队管理者设置的"游戏"规则，让员工在娱乐中产生高效，从而更好地完成工作。例如，管理者可以在绩效考核方面进行改革，不再是简单的肯定或否定。对于粗心犯错的成员，可以颁发一个"虎头蛇尾奖"，既不会伤和气，也能对该成员起到一个提示的作用。

游戏化管理的真正魅力在于，它能让团队成员在娱乐的氛围下，不知不觉地完成一些高难度的任务，还能让成员收获成就感，促使其高效完成工作。游戏化管理微商团队主要有七大要素，下面我们来具体分析一下。

6.1 要素一：目标大比拼

随着微商团队的不断完善，很多东西都开始形式化起来，例如一份又一份的微商工作报告被陆续总结出来，在总结之余还设定了新的目标，各个团队或代理之间又展开了大比拼。有的小伙伴觉得很疑惑，设定新目标还要形式化？都有什么用呀？事实上，微商目标大比拼涉及的范围很广，它关系着团队代理接下来的收益，关系着代理的上升空间，还关系着团队整体的发展等。

6.1.1 游戏中的目标

亭亭是我认识的一个护肤品代理，业绩属于中等水平，但玩游戏玩得很好。每天早上起来我都能看到她在凌晨三四点钟发的朋友圈，炫耀自己游戏的成绩单。我问她，每天大半夜都还在玩游戏，游戏到底有什么魅力能让你这么拼？亭亭说："没有啊，我也想早睡啊，可是每天睡觉之前都想赢一把，只要赢一把我就去睡。""赢一把"就是亭亭的目标。到底是什么原因能让亭亭如此坚忍不拔、废寝忘食地只为"赢一把"呢？

不管是什么游戏，我们可以发现，大家在玩游戏的时候，首先是要积极地完成游戏中设定的目标。这些目标可能是日常任务、成就点数等，游戏玩家不厌其烦地完成一个又一个任务，达成一个又一个成就，并且乐在其中。

可是从游戏转换到现实里，很多人就再也提不起劲儿了，甚至一个小小的目标，都是强迫自己去完成的。为什么大家乐此不疲地追逐着游戏中的目标，对生活中的目标却停滞不前呢？这主要是因为很多游戏都小心翼翼地照顾着大家的情绪，每一步都是精心设计过的。单单是设定目标，也有它自己的窍门。

1. 目标途径清晰，可达到，可量化

"向隔壁刘阿姨借 5 个鸡蛋"，在一个日常游戏里我就看到过这样的对话。游戏中的目标，给出了清晰的途径和数目，并且触手可及。所以为了完成目标，具体该怎么做，大家就都很清楚了。

2. 目标难度逐渐提高

我们可以发现，一个人哪怕每天只玩个对对碰，如果难度一直都在同一水平，那就失去了挑战性。游戏中目标的难度是逐渐提高的，等大家完成了当前目标，下一个目标的难度就会提升。

6.1.2 游戏化的目标设定

微商团队管理者给成员们设定目标的时候，就可以按照游戏化的思路进行。如果新成员刚加入团队，管理者就给新成员设定一个年销售额 50 万元的目标，这样既没有一个清晰的达成途径，目标值又遥不可及，只会让新成员失去前进的动力，还倍感压力。工作能力稍微差一点的成员，可能一听到这个目标，还会吓得赶紧退出团队。

要达到年销售额 50 万元的目标，首先就要提高成员的专业知识水平及销售能力，管理者可以按照图 6-1 中的思路给成员们设定一个可以达到的目标。

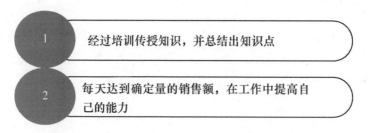

图 6-1　管理者给成员设定可达目标的具体方法

成员们不用去想年 50 万元销售额这个压力巨大的目标，只要活在当下，努力完成当天设定的目标就好。随着时间的推移，大家可以发现，最终这个年销售额 50 万元的目标就可以轻松完成了。现在回头看亭亭说的"赢一把就睡觉"这个目标，就完全符合游戏化的途径清晰、可达到、可量化的要求。

熟能生巧，接触的工作多了，处理起来也就容易了。所以，接下来难度就要逐步提升，等成员能够胜任之前的难度后，管理者再给他们设定更难的目标。

还是年销售额 50 万元的目标，管理者可以首先给成员设定一个季度销售额，第一季度 11 万元，第二季度 12 万元，第三季度 13 万元，第四季度 14 万元，慢慢提高销售额度，再把季度目标分解到每个月，第二个月设定的销售额目标要比第一个月高，依此下去，年销售额度一定能达到 50 万元。

更重要的是，教会成员自己设定目标。

当成员有了一个想要达到的长远目标时，管理者可以问问他们："为了达到你设定的目标，你具体都要做些什么努力？"这种询问方式可以很好地锻炼成员解决问题的能力。

在和成员们具体的努力方式达成共识以后，管理者可以让成员给自己设定小目标。当然，这个目标一定要达到途径清晰、可达到、可量化的要求。

让成员们给自己设定目标，可以更好地发展他们的主观能动性，刺激他们的内在潜能。

游戏化的目标设定有利于成员们明确努力方向，还能让他们在努力的过程中充分享受游戏的乐趣，获得成就感。

6.1.3 团队成员目标大比拼

玩单机游戏的人越来越少，网络游戏成为众多游戏玩家的首选。为什么？单机游戏没有对比性，每天那么努力地去完成任务，做得好不好却没有人知道。在微商团队里，大家要经过对比才能知道业绩的好坏，才能从中发现问题所在，从而去改正。

管理者可以通过设置游戏环节，让成员们变身游戏玩家，在娱乐的同时还可以完成竞技，从而出色地完成预设目标。例如，团队可以以"开黑"的游戏模式，组成小组进行目标竞赛，每个小组通过目标的完成率和质量可以获得分数和排名。这样的竞争方式，不仅让成员们萌生了许多有效率的想法，还可以激励团队的作战意识。

成员目标比拼的意义是重在参与，只要参与了就有赢得冠军的机会。这可以有效地调动成员的积极性，成员的优秀能力也可以在目标比拼中展现出来。要想让微商团队成员在工作中一直保持着玩游戏一样的激情，那就需要管理者发挥自己的主观能动性，把目标设定玩出花样。

我最喜欢游戏结果的不确定性，哪怕眼看着要输，却仍可以有翻盘的机会，这就是它最特殊的地方。很多时候我们眼看着就要比不过别人，就会萌生出放弃的念头。但在游戏化的管理方式上，不到最后一刻，都不能断言结局是什么。这种方法很好地激励了成员们在拼比过程中聚精会神，全程坚持，有效地解决了成员们三分钟热度的问题。

我的朋友小米有一次在团队群里发红包，发红包之前在群里声明，抢到红包的数额越大，这个月的目标就要完成得越高。只要参与了抢红包环节，就等于认同了这个条款。她本以为不会有太多的人会参与这一环节，但是有不少人禁不住红包的诱惑，纷纷加入这次的活动。最不可思议的是，当月整个团队成员都达到了自己的目标。抢到红包最大数额的月月，平时的销售额只是中等水平，当月的销售额却远远超过第二名。成员目标比拼用游戏化的方式去进行，可以让整个比拼过程更有趣，在这个过程中还可以提高成员的积极性和创造力。

6.2 要素二：团队互动不能少

很多团队中的管理者还是"重经济交换，轻社会交换"，把自己和成员们的关系理解为经济上的交易，没有和成员进行情感联系，从而忽略了这种社会交换关系。团队互动是否顺利事关团队的凝聚力，一个有凝聚力的团队才会有战斗力。可是传统的互动方式中规中矩，成员们只会认为其索然无味，已经不能符合当下团队建设的要求了。因此，趣味的团队互动也是管理成员的一个重要举措。

在游戏化的管理模式里，管理者可以和任何成员进行互动，与成员结盟，形成更为强大的团队。例如，通过"共同作战"和"分享经验"等方式进行互动。在这个互动过程中，管理者和成员可以一起体验"成功的狂欢"和"失败的懊恼"。在互动过程中，管理者和成员就是共同作战的队友。管理者和成员都积极参与互动，彼此分享经验，并且一起朝着胜利的目标前进。

当然，这种互动并不只是简单地保持"对话"那么简单，而是通过互动让双方真正感到愉悦和有所收获。不仅如此，还要让他们"上瘾"，促使管理者与成员主动交流和互动。

通过互动，管理者可以晒出自己的"经验值""游戏设备"和"所获荣誉"，促使成员也能够成为一名专业玩家。而成员则通过求助管理者这位"游戏高手"，获取通关经验，提高"游戏"技能。通过游戏化的互动，管理者和成员更容易团结一心，形成一个更强大且有价值的团队。

6.2.1 团队互动是进步的基础

"掌声响起来,赞要点起来!"据说这是最新型的团队互动模式,意思就是管理者讲话时,成员们要积极鼓掌;管理者在网络社交软件上有什么动态,成员也要点赞。但是在这种方式上,我只看到了成员们对管理者的单方面行动,却没有看到管理者对成员进行交流。

互动是人与人之间相互活动且发生作用的一个过程,通过互动,管理者和成员才能相互接收到有效的信息,取长补短,获得进步的契机。管理者想要发展和进步,就要和成员们进行互动。如果管理者一直处于一个封闭的状态,只会跟成员们的关系越走越远,就像闭关锁国,最终只会带来毁灭性的打击。

6.2.2 产生互动要到位

管理者与成员们互动的方式有很多,但在微商行业中,主要的互动方式还是线上交流。在线上交流中,发红包是引起互动的一个有力武器。通过发红包渲染群内的互动气氛,大家可以一起进行交流。管理者可以借此询问成员们的销售状况,并适当表达关心。

小 A 就经常给成员们发红包,可是成员们跟她还是亲近不起来。她觉得特别苦恼,来询问我是什么原因。小 B 与小 A 是同一个团队的,我从她那儿得到了成员们对小 A 的看法。原来,小 A 不爱与成员们交流,平时说话都是"嗯""哦""知道了"等,成员跟她也就产生了距离感。小 A 给大家发完红包也不说话,次数一多,还有人觉得小 A 这是在变相"炫富"。

事实上,小 A 为人很好,还做了不少公益活动。但就是因为她的互动方式不到位,才导致大家对她有那么深的误会。互动是双方的,红包只是一个引起大家注意的方法,并借此引出话题,哪能起到"收买人心"的作用呢?

管理者与员工之间进行互动,除了培养感情,最主要的其实是提高工作效率。大家可以设定一个固定畅通的互动方式,形成一个互动常规。如果管理者没有一个很好的互动渠道的话,很难向成员们收集信息。这时候就有可能出现成员们提供的信息不需要,而需要的信息却没办法提供的情况,从而降低了工作效率。

现在网络上出现了很多直播平台,管理者就可以选择一定的固定时间,通过网络直播与成员们"开会",在直播中收集大家的意见。网络直播的方法新型有趣,还出现了各种各样的玩法,不失为一个好的互动平台。

6.2.3 像谈恋爱一样去互动

互动说难不难,但也不简单。单方面互动,那是"一个人的狂欢";双方互动,但没有掌握好技巧,就有点像"瞎子点灯——白费蜡"了。互动要怎么进行才有趣又有效呢?那就来一场"恋爱"式的互动吧,如图 6-2 所示。

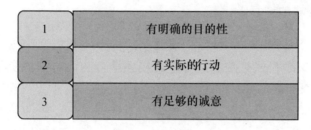

图 6-2 "恋爱"式互动要具备的三大要点

1. 要有明确的目的性

互动是一个需要很强的反应能力的,互动进行得好,整个过程都会精彩绝伦。在进行互动之前,要检查互动的目的。首先要对互动的内容有一个全面的理解,然后根据内容制订互动计划,还应该认识到这一次的互动能够收获到什么。互动得好不好直接影响着管理者和成员的关系。互动过程中,管理者不能只是单方面下达命令,还要引导成员们与自己产生共鸣,达成一致。

例如,上面提到的通过网络直播来与大家进行互动,如果管理者没有提前做好互动的准备,那么很容易出现与成员们"尬聊"的状况。不仅达不到互动的目的,还会在成员心目中留下一个不好的印象。

2. 要有实际的行动

男孩子向女孩子告白的时候说:"尽管我什么也没有,但我有一颗爱你的心,所以你就和我在一起吧!"女孩子觉得很感动,但是最后却拒绝他了。这个例子就像是某些管理者对成员们说:"虽然我什么也没有做过,但是我有一颗支持你们的心,所以你们要忠诚于我!"成员们大概会给管理者一个大大的白眼吧。

一段良好的关系是要靠双方用行动去维持的,而不是口头上说说就可以的。管理者培养和员工之间的关系,想要获得成员的忠诚,就要像追女孩子一样,要让成员感受得到你的付出。你要持续对他们好,提供你的价值,表现得能让成员们托付的样子。成员们得到关爱,他们也就会用心替你做事。如果只是在口头上表达自己对成员们有多好,不但得不到成员们的认可,还会引起反感。

3. 要有足够的诚意

管理者要给成员们一个和你"亲近"的机会,双方互动过程中,会让逐渐了解的过程变得有效又好玩。管理者应该抱着和成员们"交往"的心态,试着降低一下身份,双方一起探讨问题,而不是一味地命令或指责成员,让成员们对管理者产生距离感。压抑的氛围不适于互动,当成员们过于严肃的时候,管理者还可以适当地开几句玩笑,缓解气氛。不过也要把握好尺度,过于亲近,别人可能就会觉得你作风有问题了。

"独乐乐不如众乐乐"。小可为了加强与代理们的互动,设计了一款角色互换的游戏。这款游戏以团队为中心,每个月开展一次。游戏一旦开始,代理们才是团队的"老大",小可和其他的管理人员则扮演"小跟班"的角色。在游戏互动过程中,代理们可以向小可等人"发号施令",小可和其他管理人员也必须执行。

在经过角色扮演后,代理们也深知管理的不易,而管理者也在游戏中发现问题,从而改正。这样的互动极大地加强了团队的凝聚力,促使团队融合。而小可与代理们则一起为了目标并肩作战,团队也迅速壮大起来。

6.3 要素三:遇到问题及时反馈

游戏里面的状态栏或进度条是很常见也很重要的设置。常见是因为几乎所有游戏都设置了,重要是因为它是一个实时反馈的系统。它能让游戏玩家随时了解在游戏里的状态,并且每次出现问题或完成任务,它都会随之发生改变。

实时的反馈机制是符合玩家安全稳定的心态设置,消除了由于意外而带来的不确定性,大大地提高了玩家的安全感。在微商工作中,虽然看不到状态栏,但是遇到问题实时反馈是很重要的。

及时反馈问题,就是在工作中把遇到困难、发现不足的情况下报给上级,双方可以尽早沟通,并在沟通中解决问题。及时反馈问题能够化解矛盾,让工作的阻力变到最小,团队的效益值可以发挥到最大。及时反馈问题有利于团队归纳并总结问题,避免出现同样的错误,减少团队损失。

遇到问题并及时反馈是工作流程中很重要的一环,但是团队往往都忽略它的重要性,直到问题严重,大家才会后悔莫及。为什么会出现这样的情况呢?"事不关己,高高挂起。"其实很多人都抱着这样一种心态来工作,其中也包括发现问题且向上级反馈。

面对这种情况,团队要做的首先就是摆正成员们的心态,让他们乐于向上级反馈问题。而游戏化管理就具备了这样的作用,让枯燥的反馈过程变得有趣又有效。

我看过很多游戏化管理的文章,其中对管理者的及时反馈说得最多。不管成员的意见提得好不好,管理者一定要给个反应。根据意见进行鼓励或批评,这样成员才能对接下来要进行的工作有一个清晰的概念。最忌讳的就是既不批评也不表扬,不了了之,让成员没有动力去做接下来的事。

6.3.1 大家来"找茬"

你的团队现在使用的是什么样的反馈模式?是设立一个可有可无的意见箱,然后等着成员们投稿?还是在讨论问题时随口提一句:"大家还有什么问题都可以提出来。"然后看着成员们都沉默无言?

我可以很负责地告诉你,这种方式早已经过时。不仅过时,还无效。团队成员不愿意花费自己的时间去发现问题,哪怕发现了也觉得这不是自己能管的事。面对成员们这种心态,管理者要怎么去改变?

小 A 的团队是我见过效率最高的团队,原因就是因为她带着成员们玩起了"找茬"的游戏。这个游戏可不是网络上的找不同游戏,而是真的来"找茬"。为了及时解决工作中的问题,小 A 以"找茬"的游戏方式,让成员们主动发现问题。当成员们"找茬"成功且成为有效的反馈意见时，还会获得额外的奖励。

小 A 的团队是做女性私护产品的，为了宣传产品，盒子的包装总是十分醒目。有一次发货时，成员小 B 发现一个问题，就是快递的包装不太严实。在产品到达客户的手里时，很有可能会把产品露出来。有些女性很注意隐私问题，如果包装产品露出来了，而她们的包装又那么显眼，别人很容易就能猜到那是什么，这会让客户感到非常没有面子。

小 B 把发现的这个问题反馈给小 A，小 A 立刻对客户进行了调查，发现这种事情曾经就发生过，并且导致了一些客户的流失。小 A 及时止损，在包装上重新做了调整，改善这一问题。小 A 就是以这样的方式，让工作中的问题及时得到了反馈，从而提高了工作效率。

遇到问题及时反馈能让团队在发展过程中及时改善自我，在第一时间得到改正。反馈工作内容是枯燥无聊的，但是总有办法能让它变得有趣起来。用游戏化的方式让成员们去发现问题，成员们在反馈过程中获得的成就感、控制感，让他们更有动力和积极性，也就不会出现玩着玩着就腻了的情况。

6.3.2 接收反馈，我们是认真的

"让老板做选择题，而不是问答题"听起来真是让人太感动了，成员能够做得那么周到是管理者的福气。但是，单靠成员们去解决问题难免会挂一漏万，团队的管理者也应该认真回复成员们的反馈，与成员们一起分析问题，确保问题能够顺利解决。

我曾经在给一些微商代理做培训时，做过一个小调查，就是"上级哪一方面做得让你最不满意"。原本我设想了很多结果，但是令人意想不到的是，反映最多的一点是："给上级提了意见，上级迟迟没有做出答复，工作也不能顺利进行。"

反馈不仅仅是成员的问题，成员进行反馈以后，更希望获得管理者的反馈，以此来提升自己的成就感。管理者应该参与对问题的分析，并且及时对反馈的问题做出评价，促使工作能够顺利进行。就像是游戏中的层层打怪，最后总要迎来一个结果。管理者的反馈就像是游戏的结果，赢了就一起欢呼，输了可以再接再厉。如何对成员进行反馈呢？下面我们讲讲管理者对成员意见的反馈方法，可以从三个角度出发，如图 6-3 所示。

第6章
游戏化管理微商团队七要素

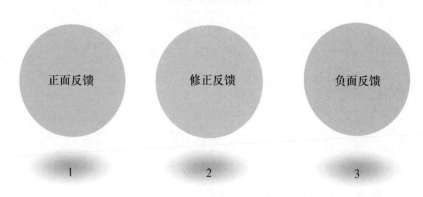

图 6-3　管理者对成员的反馈角度

1）正面反馈：正面反馈就是在发现自己与成员的观点一致，或者成员的想法效果更佳时使用的反馈方法。管理者应该具体指出成员提出好的地方，然后说出这些意见能带来的影响，最后表达认可的态度，并对成员予以嘉奖。

2）修正反馈：修正反馈是管理者对成员提出的意见部分同意，然后进行反馈的方法。管理者可以先扬后抑，表达自己认可的地方，然后说出不同意的部分，并且给出自己的建议。

3）负面反馈：负面反馈是指不同意成员提出的意见的反馈方法。很多管理者认为，既然都不同意了，那就别反馈了，省得伤感情。事实并不是这样，鼓励比批评有效，但批评却比不予置评有效。成员得不到管理者的反馈，就会忐忑不安，从而影响工作进度。管理者可以先具体分析这个意见会带来什么样的后果，然后征询成员的意见，最好对成员提出意见的做法予以鼓励。

管理者重视成员们的反馈，最大的受益者其实还是自己。同时还可以让成员们得到更愉快的反馈体验，从而更用心工作。从这个意义上讲，重视反馈可以给管理者、成员，甚至是客户，带来"三赢"的效果。下面我们通过一个小案例来看看重视反馈的重要性。

某微商家族在营销方面具有较强的竞争力，拥有强有力的市场营销团队，高效的市场营销系统，把握市场机会并加以利用；拥有可靠的市场渠道和战略联盟，同时拥有品牌知名度和客户信任关系。此团队之所以如此强大，和它重视成员反馈不无关系。

这个家族成员曾在"真心话大冒险"的游戏中曾吐露做微商并不是很受

肯定，并坦言："家里人认为电视上的广告才是正规的，如果自己代理产品在电视上也能播广告就好了，这样我的微商事业就能得到家人的认可。"初心家族的创始人听到这件事后，经过思考，决定听从该成员无意中提出的反馈，并对该成员进行了嘉奖。

于是，该微商家族成为首个以微商团队形式播放电视广告的团队，分别在广东卫视、青海卫视、山西影视、新疆卫视、安徽影视强档时段播出，并被新华网、网易、搜狐、凤凰视频、腾讯视频、CNTV、凤凰资讯、久久养生网、中华网新浪中医、中国健康、现代健康、求医问药等几十家媒体报道发展历程。不仅如此，他们在 2017 年 5 月作为首个男性市场微商团队入驻上海美博会，2017 年 9 月入驻广州美博会。2017 年 8 月还赞助国内知名夜店 LIV 酒吧，并且赞助万达洲际德国风情啤酒节；2017 年 9 月赞助巫启贤北京五棵松演唱会，赞助全球华人高尔夫大赛。这些使得该团队受到了关注，在众多团队中脱颖而出。

该微商团队的成功来源于多方面，而重视团队成员的反馈明显也是重要的一环。该微商团队通过重视成员无意中提出的反馈，并斟酌这一反馈可带来的利益，最后在品牌营销上取得了巨大的成功。

6.4　要素四：给成员额外的物质奖赏

在游戏中，辛辛苦苦掏空血条，就是为了打怪升级拿宝贝。好不容易达到目标，结果系统显示玩家升级了，但是没有任何奖励，怕是所有玩家都要"弃游"了吧？同样的道理，团队成员在努力超标后，管理者只夸其"做得好"，却没有给予任何的物质奖励，面对这样的情况，成员也不会有工作的动力。

想要为成员们提供动力，就要给成员们一定的物质奖赏，否则很容易扼杀他们的工作热情，更别提工作效率和营销业绩了。不仅如此，提供的奖赏要符合成员们的需求。如何使用游戏化的方式放大这些奖赏的诱惑力，这个是值得微商团队探索的。

大家对有趣的事物总是会很感兴趣，微商团队完全可以将游戏运用到工作管理中去，利用游戏的机制来刺激成员工作的积极性，改变不好的行为方式。游戏化管理能给团队带来一种全新的激励机制，促进团队快速形成良好的工作氛围。

6.4.1 做创新型激励的行家

"晒"已经是当下很多人的一种生活方式，成员们的福利也在大家"晒"生活的范围内。传统福利平淡无奇，已经达不到成员们"晒"的需求了。而拥有个性福利的团队就能从中脱颖而出，拉拢成员的心。

为了拉拢成员的心，微商团队的管理者也是很拼的，绞尽脑汁给成员们提供各种惊喜。情人节没有情人？没关系，团队给你发红包！想出国？没问题，团队送你欧洲游！游戏化管理就是能给成员们提供不断的惊喜。

想要让成员们惊喜不断，就要成为这一方面的行家，制定一套特别的激励机制。激励机制设计得好，就能驱动成员的工作热情，激励其提升工作效率和营销业绩。下面给大家介绍两种游戏化的激励制度，供大家参考，如图 6-4 所示。

图 6-4　游戏化的激励制度

1．工作积分量化

小 A 的团队把简单乏味的营销工作变成了趣味盎然、惊险刺激的游戏。游戏方式很简单，就是小 A 手下的代理每拿一批货，就会获得一定的积分。代理们可以通过一个小软件查询自己所获得的积分，十天内拿货最多的人可以得到物质上的奖励。因为这个积分游戏，小 A 管理的代理们提高了工作积极性，每天与客户积极互动，而小 A 团队的销售业绩也大幅度上升。

小 A 的这种奖励机制就是通过游戏的方式，把工作积分量化。很多时候，成员们对工作不上心，不是不知道工作的好处，而是在短期内得不到好处，这就形成了一种很怠惰的心态。这种奖励机制的核心特点，就在于能迅速让成员们尝到甜头，从而诱使成员们参与进来。不仅如此，除了能频繁获得奖励以外，成员们的积分还在不断提升和累加，最后获得更大的奖励。

这种奖励机制还会有很大的晋升空间，游戏设定的一切都会与积分挂钩，成员们只有不断地完成工作量从而获取"经验升级"。管理者可以规定，当积分达到一定数量，就可以申请成为团队的骨干等。通过不断地提升积分奖励制度的难度，训练成员们的工作技巧，让他们在这种制度下成长。

这种奖励制度像一根无形的线，绑定着每一位成员的利益。它能让团队的业绩获得快速提升，还能为团队营造良好的工作氛围。

2．奖励有意义

物质上的奖励，不仅仅是出色的成员可以领取的，其他成员也可以领取。例如，某位成员的文案总是千奇百怪，可以给他一个"特色文案奖"，奖品可以是一支笔；某位成员犯了错误，给他颁发一个"引以为戒奖"，奖品可以是一个小恐龙玩具；某位成员形象特别好，就给他来一个"最佳形象奖"，奖品可以是一瓶发蜡等。

每一位成员都能参与到游戏化管理中来，体验这一套奖励制度的乐趣，还发挥了奖励的作用。给犯了错误的成员也颁奖，并不是说激励其行为，而是为了提醒他们犯的错误，减少他们的失误率。游戏化管理能把激励机制玩出各种花样，让每位成员都有机会获得奖励，从而持续发酵自己的工作热情，奖励也更具有意义。

6.4.2 物质奖赏是成员想要的

我曾经听说过一个业内笑话，某位微商创始人做的是保健产品，他的妻子是做女性内衣的。为了激励成员们提升业绩，每个月会给销售额最高的成员送五套内衣。这时候问题出现了。成员小 D 有想法、有能力，所以每个月他都稳坐销售冠军宝座，但是小 D 是男的，于是小 D 每个月都会获得那五套内衣的奖品，最后一气之下换了一个产品来代理。

第 6 章
游戏化管理微商团队七要素

物质奖品是要有的,但是要符合成员们的需求。在这件事情上,我们就可以看出来,该管理者给成员们奖励内衣,一是为了减少奖励的费用(直接由妻子提供),二是可以为妻子的产品做宣传,怎么看都是一个很合算的方法。但是对于小 D 来说,就不是这样了。小 D 对内衣没有需求,团队还每个月都奖励这个。就算是送女朋友,每个月都送内衣,恐怕女朋友也得生气。

管理者不要吝啬奖励出色的成员,选择一些成员想要的奖励,不仅会让成员心情愉悦,也会促使其更加努力为团队做出贡献。例如,一个成员做得非常好,管理者给他两个选择:一个是价值 8000 元的购物卡,另一个是时下新款的 iPhone X,我想大多数成员选择的还是手机,因为"晒"起来毫无压力,这时候管理者就不要强行把购物卡塞给成员了。

管理者应在奖励上多花费心思,如果在奖励上"省事",则会让成员在工作上也"省事"。额外的物质奖赏可以翻出很多种花样,不仅仅能满足成员们的需求,还能让他们在体验上感觉新鲜和刺激。

小 A 是某微商品牌的创始人,她在这一环节做得很成功。微商主要靠线上交流,在没有无线的地方,就要耗费大量的流量了。为了激励成员们互相帮助,更好地提高工作效率,她制定了一种只有该团队成员能使用的流量券,每个月通过二维码的方式给代理们 5 张固定的流量券。流量券不能直接充值,但是可以送给其他成员。当其他成员帮助你的时候,你就可以把一张流量券送出去。获得流量券的成员可以在固定的平台上充值流量,解决了流量耗费快的问题。而且每个季度积攒流量券最多的人,还可以得到一定的奖金。

不得不说,小 A 实在是太厉害了,这种奖励机制不仅解决了成员们流量使用的问题,还促进了成员之间的感情。

团队设定的奖励机制是为了激励成员努力工作,奖品本身要有诱惑力,才能发挥激励的作用。就像在蛋糕上涂抹美味的奶油,是为了让蛋糕更诱人。但前提是蛋糕也要做得同样美味,否则涂抹再多的奶油也不会令人满意。所以,两者要相辅而成:诱人的奶油要涂在美味的蛋糕上。

因此,设置奖励时要多考虑是否与员工的需求相符合。游戏化的奖励机制是为了解决团队管理问题,如果仅仅进行了"游戏",却没有达到目的,那么这场"游戏"是没有意义的。所以在进行游戏化管理时,既要让团队的奖励机制有趣,又要符合成员需求,平衡两者关系是十分重要的。

6.5　要素五：设立荣誉奖赏

打过团队游戏比赛的人都知道，如果团队输了，但是你打得最好，击杀对方次数最多，受的伤害最少，那么你就会得到一个"MVP"的荣誉称号。同理，在现实工作中，成员业绩高、做得好，说不定还是团队最佳，有什么理由不给他们一个荣誉称号呢？

有人质疑："有物质的奖励不就够了吗？何必非要加上这些虚的呢？"大家想象一下，如果一个人做了好事却没有得到相应的认可，这个人心里必然会有一些难受的。因为荣誉称号是团队对成员工作的认可，也是优秀成员的证明，所以，设立荣誉上的奖赏必不可少。

荣誉上的奖赏对于优秀的成员来说，远远超于物质的意义，它是一种精神上的鼓舞，在价值上得到认可。与其说这是荣誉，它更像是一份责任，时刻提醒优秀成员们不要辜负团队对其的期盼。设立荣誉奖赏，不仅仅是对成员能力的认可，它对团队管理、培训及招聘三个方面都起着非常重要的作用。

6.5.1　以荣誉之名，创管理之新

基于游戏化管理这个新奇的理念，荣誉管理更是被赋予了崇高的使命。成员们完成任务时就像是打怪升级做副本一样，只要完成了固定的内容，就能获得荣誉勋章，既充满了乐趣，又促进了成员们的自我激励。

"加油！只要再跑 50 米，你就能获得一枚勋章。"这种激励的话语，我们在游戏中很常见。在游戏化管理中，如果这个"勋章"能让成员们感觉良好，那么就是游戏化的激励起作用了。在游戏化管理中，"勋章""升级""荣誉"等对成员具有巨大的吸引力，唤起了成员们的成就动机，鼓励成员们全力以赴，这就是荣誉的力量。

团队可以在荣誉勋章中设定不同的模式。例如，A 成员在团队三年了，可以给他授予一个"忠诚成员"的荣誉；B 成员在团队里担任培训讲师的角

色，就给他授予一个"良师益友"的荣誉；C 成员在业绩方面特别突出，那就颁发一个"团队之光"的勋章等。这些荣誉还可以根据贡献的程度划分等级，以此来增添成员的满足感。

对于团队成员，不要吝啬于一些头衔或名号，这些荣誉是可以换来成员的认可感，从而激发成员的干劲。哪怕是普通的成员，也可以适当地颁发一些荣誉勋章给予鼓励。小 A 的团队是实行"自由职衔制"的，普通成员可以给自己随意加头衔，如"最美代理""最佳代理""销售代表"等。

"放眼看去，现在那么多团队实行的都是物质奖励，哪还有那么多人去设置荣誉奖励呢？"这是我朋友曾经对我说过的话。不可否认，额外的物质奖赏能在短期内可调动成员们工作的积极性，提升工作效率。但是通过游戏化管理的荣誉奖赏更关注成员的内在激励，激发成员奋斗的能量，让成员在工作过程中获得成就感。

在一个游戏化管理的团队里，物质上的奖赏已经慢慢边缘化，而内在的激励占据了激励的核心位置。因此，通过荣誉奖赏，更能激励成员心理的需求，从而紧紧虏获成员的心。

综上所述，游戏化管理里面的荣誉奖赏，不是噱头也不是包装，而是实实在在有效的东西。团队管理以游戏化的方式设立荣誉奖赏的意义，在于工作内容是以游戏的形式呈现出来的，不仅满足了成员对游戏的需求，又隐化了荣誉激励，以游戏过程中获得的成就和荣誉作为奖励，让成员获得满足，从而对工作"上瘾"。

6.5.2 以荣誉之名，寓培训于乐

大多数微商团队为成员们设置了多种培训成绩评估方式，通常都是管理者或培训讲师来观察成员们的成绩。例如，借助一些问题清单，从而捕捉成员的培训效果，最终汇总到评估结果当中。但是，这种评估效果并不是很大。而以游戏化管理的方式，设置荣誉奖赏，就能起到很好的作用。

在微商行业不乏各种各样的人才，小 A 就是某大学计算机系毕业的，还是一个游戏高手。小 A 在创立了自己的微商品牌后，对培训这块内容感到很头疼。无论培训内容多丰富多精彩，培训讲师多慷慨激昂，总有代理会不参加培训。

于是小 A 自己创造了一个内部培训的游戏应用，这款内部游戏下载到

手机就能玩，主要是模拟培训日常。团队成员需要完成与培训相关的任务，还要分秒必争，如如何拿货和发货等。任务完成后，可获得积分进入更难的任务，如面对客户的询问时应该怎么回答。

这款游戏每完成一定的任务就可获得积分，还可以根据表现来排名。这就让团队成员将培训变成自己与自己、自己与网友（其他成员）的PK游戏，不断挑战，从而获得荣誉。通过参与和不断努力，成员们就可以决定自己的成绩，这种自主意识就是成员们参加活动的兴奋感的来源。动机得到激励后，成员们参与的积极性也就更高了。

除此之外，成员还能看到实时排名，为了让排名靠前一点，从而乐此不疲地完成任务。当取得好成绩的时候，成员还可以分享到朋友圈中，获得成就感。通过这样的游戏化培训，小A的团队的专业技能大大提高，为客户提供了更贴心的服务。

小A的团队在游戏化管理中设置荣誉授予的环节，同时还方便了管理者检查成员们知识和技能。

管理者通过观察团队中荣誉授予的情况，就可以直观地看到成员们的工作成果和能力现状，从而方便团队在下一次培训时，将时间和精力聚焦在能力不足的成员上。在培训过程中，展开有针对性的学习，帮助成员提高能力水平，是培训获得有效成果的重要因素。

6.5.3　以荣誉之名，行招聘之实

微商团队总是在不断发展壮大，而代理的需求也越来越大。虽然说招聘代理的渠道有很多，但有很多成员都只是"意思意思"，并不愿意认认真真发展下家代理。理由是成员们每天要重复刷那么多帖子，发那么多信息，觉得招聘下家代理又累又无聊。还有的成员认为自己一个人代理就够了，不需要其他人帮忙，感觉招聘代理没有太大的意义。

小A的团队为了激励成员们招聘代理，就有自己独特的方法。小A的老板通过软件设定了一款游戏，游戏里清楚地记录了成员们招代理的数目，招收代理数目最多的成员可以登上团队的荣誉排行榜，并且成为团队里的优秀成员。有趣的是，就是这样的一个只有荣誉上的奖赏，没有任何物质奖励的游戏，激发了成员们浓厚的兴趣，积极参与进来，完成了壮大团队的任务。

这只是一个简单的招聘的任务，通过游戏化的方式，变得有趣又有意

义,成员们都乐在其中。在这次任务中,游戏化的模式有效地激发了成员们的参与意识,并且更好地发挥了自己的能力,使得团队招聘更有效率。

6.6　要素六:定时举办线下活动

对于微商来说,团队成员之间的交流基本都通过网络,但是这种交流方式会产生一定的距离感。如果微商团队经常定时举办线下活动,把微商圈子里的同事约起来,可以加深成员之间的感情,促进团队融合。

一般来说,微商成员之间的线下活动通常分为两种类型:第一种是与产品有关,成员们到达现场参与培训活动或颁奖仪式等;另一种就是单纯的业余活动,以娱乐的形式把成员聚在一起,拉近团队成员之间的关系。大家通过这些线下活动,可以很好地进行情感交流,有利于互相协助。

6.6.1　举办线下活动,有趣才奏效

举办活动的前提是要有人参与,对于培训会或颁奖仪式,除非是强制参加,否则成员一般都不愿意参与进来。而强制参加会让成员感到不愉快,得不到很好的效果。那么,要举办一个什么样的线下活动才会使成员们乐于参加呢?

《游戏化革命》里面写道:"要对行为进行跟踪,从与消费者的互动来评估反馈回路。分析人们对系统的反应可以客观地告诉我们,系统是不是有趣。最终,正是趣味性吸引着人们长期的关注和坚持。"举办线下活动,就要去除枯燥无味的内容,注入一些关于理想、荣耀等原动力,营造一个热烈氛围,从而调动成员参与的积极性,拉近成员与成员的情感距离。

传统的管理对成员们已经越来越不奏效了,成员更希望获得一份开心的工作,在工作过程中可以充分体验趣味生活,并且获得一群并肩前行的小伙伴们。而游戏就有着这样的魔力,用游戏化管理的思维举办线下活动,就可以让活动变得生动有趣,符合成员们的需求。

小 A 的团队正在举办一场线下培训活动,首先在场地方面就选择了宽

敞明亮的球场，给大家营造一个轻松的环境。其次，还会准备美味零食，让成员们在培训过程中不会感到无聊。最后，小 A 还准备了新产品给大家体验，并且与成员们进行互动交流。

这场线下活动就像在进行一场游戏一样，场地是游戏背景，零食是游戏奖励，现场体验和互动是游戏内容。如此齐全的线下活动，怎么能不让人放松心情，心生愉悦呢？还怕吸引不了成员来参加活动吗？

这场活动营造了一个良好的氛围，就好比游戏中激动人心的配乐一样，能让成员对活动更为投入，渐入佳境。小 A 用实践向大家证明了寓教于乐是有激励士气的效用的，可见，用游戏化管理的思维举办线下活动，不失为管理微商团队的一剂良方。

6.6.2 举办线下活动，归属感不能少

在游戏里，大家通常都是以"战队""帮派"等集体的形式出现。每次开始竞赛的时候，也都是以"团战"的形式进行的，单枪匹马的人分分钟就"Game over"。执行任务时，游戏玩家都以不同的游戏角色进行"组队"，队里成员的类型各种各样：年代不同、性别不同、职业不同等，但是分工明确，技能互补。为了达到共同的目标，大家一起"抛头颅，洒热血"，从而结下了深厚的革命友谊，产生了强烈的归属感。

我们可以运用游戏化的管理思维去举办线下活动，从而达到团队合作，成员产生归属感的作用。在游戏活动里，团队聚集在一起主要是为了完成任务，不同的成员往往具备着不同的工作能力。游戏活动的核心就是共同奉献，达到共同的目标。团队有着清晰的目标，责任明确，成员之间互相协作，这就会加强成员的归属感。

定期举办线下活动是一种很好的激励方法，能够激发团队精神。而成员之间的互补性，能让大家意识到合作的重要性。虽然说微商大多数都是"90后"的年轻人，但是也仍有很多"70后""80后"参与其中，这时候就存在着一个代沟问题。游戏不分年龄，只有竞技。以游戏化的管理思维，定时举办线下活动，可以打破成员之间的隔阂，使他们迅速融合在一起。

我曾参加过一次线下活动，成员们都来自不同的阶层，不同的职业。大家最多也就在网络上偶尔沟通，谈不上多熟络，更别提集体的荣誉感。在那次活动中，我们组织玩起了特种兵的游戏。

第 6 章
游戏化管理微商团队七要素

在具体的游戏环节中，不同的成员担任不同的兵种，我们通过分配任务，打破成员的限制。然后在具体目标的指导下，互相合作，奋力前进。经过浴血奋战过后，也不管输赢，成员之间都发生了微妙的变化，有的甚至开始称兄道弟起来。

在团队合作中也是这样，对团队的归属感不是口头教育出来的，也不是抄写背诵就有的，必须通过大家合力付出才会形成。通过一些集体活动，全体声势浩大地去完成同一个任务，豪迈的感情就会从心底油然而生，融入血液之中，这就是定期举办线下活动的作用。

总而言之，那些能把游戏化管理运用得当的微商团队，往往都能将激励、趣味及成员体验很好地结合起来。游戏和管理都是在探索人性的本质，是对成员心理和行为上需求的理解，从而设计让成员高兴的环节，挑动成员的情绪，使其乐于参与进来。在游戏化管理过程中，还要保持对成员的持续刺激，最后达成共鸣的目的。用游戏化思维来管理，可以起到事半功倍的效果，团队想要不成功都难。

第 7 章 微商团队去中心化管理五大技巧

去中心化管理是对陈旧制度的挑战,是一种新体制模式。在微商发展迅速的浪潮下,去中心化是微商目前最有效的管理模式。在这种管理下,要求微商具有顽强的创新力和适应能力,要不断实现自我成长。本章从微商团队去中心化管理五大技巧展开讨论,教大家如何在去中心化管理中破茧成蝶,突破自我,在更远的道路上获取未知的惊喜。

7.1 技巧一:团队中没有领导,只有教练

领导能够激励并带领成员实现共同目标,并且鼓舞士气,指引成员展望未来。成员之所以愿意追随、服从领导,主要是因为领导能带领他们减少风险和趋利避害。

教练能够教会团队成员自主实现工作目标,让成员以最大的工作热情和主观能动性来进行工作,从而实现个人目标与组织目标相结合。教练能够充分调动成员的工作积极性,提高工作效率,使团队面对新挑战时更有底气。下面我们通过表 7-1 来对比传统领导式与新型教练式的特点。

表 7-1 传统领导式与新型教练式的特点

传统领导式	新型教练式
"告诉"与指数	询问,提要求和倾听
通过做决策来控制他人	帮助他人做决定
惩罚作为让人服从的有效方式	鼓励忠诚,激发创造力
指出错误	鼓励学习
要解决问题和做决定	帮助他人解决问题和做决定
分配责任	塑造责任感
设定要遵从的程序和步骤	建立前景引导

从表 7-1 中我们可以发现，传统领导式与新型教练式各有特点。但是随着人们对管理的不断重视，二者的优劣也随之被比较出来，而新型教练式在管理方法上更受欢迎。

7.1.1 再见吧，"领导"

传统的领导方式只注重制度和技术等理性因素，很少对企业文化和人文关怀进行关注。因此，传统的领导方式难以调动成员的积极性，团队也就失去了凝集力。

而现在，大家越来越认识到，团队的绩效会受到管理质量的影响。只有对成员进行有效管理，激励得当，才能给团队带来高效生产力和核心竞争力。而许多管理者仍然保持命令和控制的领导风格，导致成员缺乏对管理者的忠诚度和对工作的责任感，从而降低工作效率。传统的领导方式已经渐渐失去了培养的优势，其弊端也逐渐显露出来。

1）沟通不到位。领导不愿意倾听和尊重成员的想法，成员越来越不愿意和领导交流真实想法。长久下去，在团队未来发展的愿景上，成员也不会再激情表达，只会敷衍领导，做做表面文章。而团队就像激流中没有方向的船，随时有可能被浪头打翻。

2）内部冲突变大。因为沟通不到位，一旦出现错误，领导会把责任推诿到成员身上，导致隔阂越来越深。领导做事不求有功但求无过，成员看不到发展前途，离职率越来越高。

3）成员士气低落。领导只会控制和指挥成员，而不教他们怎么做。成员学不到有用的东西，在工作上也没有成就感，严重打击工作积极性。

7.1.2 新型管理方式：教练你好！

领导有很多种，可以是"照我说的做"，也可以是"你想怎么做"，而教练不一样，教练是"我教你做"，是一种有你有我的带领方式。在这种带领方式下，成员可以更好地发挥自己的潜能，从而为团队创造更大的利益。

美国《公共人事管理》调查表明："培训能增加 22.4%的生产力，而培训加教练可以提高 88%的生产力。"教练并不能给成员工资，但是能教会成员应具备的能力。教练带领的特征主要有以下四点：教、练、比赛和运动精神。

1）教练要"教"。想要教会成员，教练自己首先是内行。教练要教会团队成员怎么做，还要教会他们为什么。领导会告诉成员："你就该这么做。"而教练会说："我们这么做的原因是……"教练不会吝啬传授成员知识，因为成员学会以后，会对教练有很大的帮助。

2）成员要"练"。"教"只是理论，"练"是实践，工作中的技能只能通过重复练习才能掌握。通过不断地练习，成员可以把简单的技能练成绝招，运用在工作的各个方面。教练还要严格要求成员，不要对成员放低要求。"失之毫厘，谬之千里"，一旦放松要求，成员永远也达不到满分，在工作上也不会有突出的成绩。

3）教练和成员一起打比赛。比赛即项目。熟练运用经验技能以后，就要把它放在该放的地方去实践。项目进行过程中，充分考验了教练的决策能力。教练要搞好团队建设，充分发挥成员的长处，并促进成员相互配合，让团队做到一加一大于二的效果；教练还要打造团队凝聚力，让成员为了共同的目标而共同奋斗，充分发挥团队的集体力量。

比赛还考验成员的技术水平。自己说好不算好，真正运用的时候做得好才算好。成员苦练的效果会在比赛中得到充分体现，在比赛中总结自己的缺点，有则改之，无则加勉。

4）体育精神：不断追求卓越。团队的眼光不应该只聚集在某一个项目上，而是要让自己的能力更强大，工作效率更高，质量更好。教练带领团队一起进步，挖掘成员的潜能，不断挑战工作极限。

7.1.3 打造教练型管理，没有那么容易

教练型管理既对成员进行了人文关怀，又重视工作绩效，因此十分受到推崇。但是教练型管理在团队中很少被使用到，很多管理者表示没有时间去做一个教练。在我看来，大多数管理者是没有能力；做教练没有那么容易。

那么，如何打造管理者成为一个好教练呢？我认为，需要从以下四个方面个方面进行培养。

1．深度聆听

很多人都觉得聆听是一件非常简单的事情。事实上，在管理方式中，聆听是最容易被低估和忽视的关键环节。聆听可以分为四个层面：

第一层，选择性聆听：这种聆听方式有一个很大的缺点，就是只选择自己愿意听的话，并且根据自己的喜好或过往经验评判所听到的内容。

第二层，打开思维聆听：把自己的经验抛开，以一个空杯的心态来认真聆听成员的想法。但是如果听到的内容和自己的经验有差异时，就会出现矛盾和冲突的状态。

第三层，同理心式聆听：不仅聆听成员所说的所有内容，还会注意他的表情和肢体语言，同时感受成员所处的表达情景。

第四层，感同身受地聆听：在第三层的基础上，挖掘成员表达时候内心的真正想法。

只有了解成员内心真正的想法和渴望的内容，才能根据成员的心理需求，给予他们相应的指导。聆听是基础，只有认真聆听，成员才会感觉被尊重，从而建立互信的关系。传统的领导方式就是管理者都是对的，成员必须听他的。而在如今的教练型管理中，管理者学会深度聆听成员的想法，激励他们成为最好的团队成员。

2．开放性的提问

开放性的提问会激发成员思考如何更好地解决问题。在微商这个行业，管理者一个人不可能掌握所有信息，而成员在知识和想法方面做得不一定比管理者差。所以，管理者需要借助成员的智慧，从而获取更多的信息。

获取信息是需要与成员之间相互交流而实现的，所以管理者要放低姿态，表达出对成员的信任。用开放性的问题启发对方思考，不断引导成员思考和探索，提高他们的思维能力。

3．看待事情的角度

对信息的反馈往往来自于看事情的角度。看待事情一般都从两个方面进行：一是缺陷，认为事情必定存在问题，并且希望能快速找出问题，然后修正过来；二是欣赏，看事情首先欣赏它的优点，认为事情的状态非常好，并对其怀着支持的态度。

教练是帮助成员学习的，而不是批判他们、挫伤他们的积极性的。要做一个好教练，就要用欣赏的眼光看待团队的成员，挖掘他们的潜能，让他们有机会表现最佳。

4．协作才是最好的方法

成员再优秀也需要教练的协作才能成事，教练协助其找出强项，并使其发挥出来，成员就可以实现工作上的自我支持。而在传统的领导式管理中，管理者认为自己才是对的，要求成员按照自己的想法执行，不会对成员进行协助。

在教练式管理中，管理者会尊重成员的想法，从而协助成员完成工作。好的教练都是毫无畏惧的，成员得到充分尊重，工作效果会更好，还能吸引更多的成员加入这个团队。好的教练不满足于小小的掌控权，而是把眼光看向团队的发展。

7.2 技巧二：团队管理要扁平化，不能等级式

等级式管理方式的特点就是等级严密，在这种管理制度下，团队工作流程死板，工作效率低下，这就要求团队进行改革。曾经有人说，团队改革就像大象跳舞，是永远都不会成功的。真的是这样吗？

事实上已经有不少团队挥舞手中的魔术棒，对团队进行了改革，而这魔术棒就是我们微商团队裂变管理的重要因素——扁平化管理。

7.2.1 扁平化 VS 等级式

当前微商出现了一个怪现象：团队成员没有在卖货，而是无限招募代理成员。为了招募更多的代理，有不少人剑走偏锋，制造虚假信息，骗取客户信任。这样做会导致两种结果：

1）发展到某一级代理时，产品的价格远远超过了价值本身，这样下去没有人会购买产品。而产品就会囤在代理的手上，销售不到终端消费者处。

2）在代理手上的货物难以销售时，代理就会制造假象发展下级代理，如放大产品功能、宣传一夜暴富等，从而导致使用产品后效果差异太大或没有一夜暴富，产生负面信息传播，恶性循环。

这就是微商目前的等级式现状，因为无限发展代理，导致管理者监管不到位。除此以外，成员的不当营销导致市场信息失真，对团队造成了严重的影响。

扁平化管理已经越来越受到团队的欢迎，它的管理模式让管理者和成员

得到有效沟通，监管力度也随之得到加强。最重要的是，团队成员的能力得到不断提升。下面我们来看看扁平化管理和等级式管理存在着什么样的差别，见表7-2。

表7-2 扁平化管理和等级式管理的差别

项目	扁平化管理	等级式管理
管理模式	分权管理为主，集权管理为辅	绝对的集权管理
管理层次	管理层次少，管理幅度大	管理层次多，管理幅度小
适应市场变化的能力	迅速	迟钝

团队实行等级式管理，就会出现多个管理层次，从而形成一个金字塔状的行政结构。最高管理者在金字塔的顶端，他们的指令通过无数层的传递，才能到达执行成员处。反过来也一样，但更大的可能是，成员的建议到达不了最高管理者处。

而实行扁平化管理的团队，在层级设置上会减少，但跨幅较大。例如，某团队实行扁平化管理，没有一级、二级或更多级别的代理，只有总代理直接管理其他代理。

经过二者对比，我们可以发现，等级式管理具有层次重叠、效率低下和冗员多的弊端，对市场的变化反应比较迟钝。而扁平化管理的管理成本低，信息流动快，能让管理者直接接触市场，从而根据市场信息做出决策，并且快速地传达到成员处。

微商行业主要靠的是互联网销售，互联网市场瞬息万变。正因如此，越来越多追求高效的团队要从等级式管理转型为扁平化管理。

7.2.2 扁平化管理的正确打开方式

扁平化管理从表面上看就是优化管理层次，加大管理幅度，减少冗员，但是实际上，它讲的是如何加强成员自我管理和提高管理者的管控能力。高素质的团队和成员是扁平化管理的巩固基础，也是它的正确打开方式。下面给大家讲一个关于我的好朋友小A的故事。

小A创造的某保健品品牌，一开始就是不断地任由成员无限发展下级代理。直到有一天，她在贴吧看到多位客户投诉产品价格太贵，性能严重不符的问题，说她们的团队是骗子。小A之后了解到，经过层层发展代理，产品的价格已经提升了好几倍，而且有的代理为了营销产品，过分夸大产品

微商团队裂变：
快速打造万人微商团队

功效，造成客户的误解。

为了解决这一问题，小A决定实行扁平化管理。在她的微商团队里，由总代理直接管理所有代理，中间不需要再分级别。可是这样一来，总代理的管理难度就会加大。小A迅速邀请大牌讲师对所有成员进行培训，提高成员自我管理能力。

最后，小A完善了产品价格体系。为了避免挫伤成员的积极性，她采用了提货累计金额返点的方式，成员多销多得。这样可以有效减少成员盲目提货的情况，还适当地激励了代理的积极性。不仅如此，采用这种多销多得的方式，她与代理形成了长期的合作，因为需要代理多提货，就要长期扶持代理，代理也因为多销多返的模式而积极与小A合作，互惠互利。

制定统一的价格体系后，每一个代理拿货的价格都是一样的。这从根源上解决了盲目提高价格导致产品性能不符的情况，充分保证了高品质的产品能让客户真正享受到高性价比，从而超出预期惊喜。

经过三个月的改革，小A的团队作战力明显加强。小A再去贴吧一看，产品获得了客户的一众好评。不仅如此，还有不少"粉丝"纷纷要求加入其团队，团队得以再次壮大。

通过小A的案例我们可以发现，微商团队无下限发展代理的模式已经引起了客户的不满，这种代理模式没有充分地保障客户的利益，同时也对微商团队造成损失。微商团队应该改善等级式管理，正确打开扁平式管理，其具体做法如下：

1. 优化、简化管理结构，激发管理能力

微商团队要先优化、简化目前的管理结构，招募的代理层级越少越好，尽可能减少管理机构。为了加大管理幅度，管理者应该充分授权于成员们，激发其管理能力，以便工作业务能够更好执行。

从案例中我们可以发现，小A在发现团队问题后，迅速转变管理模式，减少了代理层级，从根源上解决了代理模式混乱的问题。

2. 信息化促进扁平化

微商团队要积极运用网络信息技术，高效收集来自各方的信息数据。加快团队的信息化建设，可以有效实现信息共享，提高资源利用率；还可以缩短传递时间，防止出现信息失真的现象，从而提升团队的管理水平。

小 A 获得团队负面信息不是通过团队的成员告知,而是在网络上发现了问题。而扁平化就具备了让管理者和成员实现有效沟通的作用,信息化则是他们沟通的有效手段。而且,管理者和成员总有利益相悖的时候,管理者可以通过网络获取相关信息,尽早争取团队的利益。

3. 提高成员的战斗力,打造一流团队

由于等级式管理让成员习惯按照上级指令行事,从而导致成员不具备独立行事的能力,自身知识和技能没有得到提高。为了改变这一现状,团队应该加强对成员的有效培训,锻炼他们独立思考,让他们在销售的战场上勇往直前,获得胜利。

小 A 通过培训解决了成员能力不足的状况,从而打造出了一个一流的销售团队。良好的团队就是坚强的战斗堡垒,是团队成员们的底气所在。一流团队需要成员精干高效,权责分明。团队要根据成员的特点协调各色成员,实现最优分工。在人员充足的情况下,让炊事兵上场打仗,只会造成团队的损失。

4. 完善产品的价格体系

完善产品的价格体系是微商扁平化管理模式特有的。微商团队应该统一终端零售价格(不包含邮费),违反这一规定的将受到相应的处罚。这一体系杜绝了产品到终端客户的手上的价格是经过层层加价的,保证了产品售价一致。

实行这一体系会受到不少质疑:这不就违背了微商自由发展的初衷了吗?事实上,市场是不断变化的,想要发展就要随之变化,当初的管理模式已经出现问题的时候,我们就要对其进行修正。

7.3 技巧三:团队管理要无边界,不能有界

有边界团队就是保留着团队的边界,从而保证团队的稳定和秩序。然而有边界的弊端也随着时代发展而显示出来,如团队执行力差、决策不全面和创新受阻等。无边界团队是相对于有边界团队而言的,无边界组织也需要稳定,所以它不会完全否定团队必有的控制手段,如工作分析、职权限定等,

但是无边界不会把它们僵死化。

7.3.1 有界已经出现了弊端

传统的有界团队呈金字塔状的管理模式，恪守着这种模式带来的严格的边界。这种模式往往会造成团队冗员过多、职权集中、效率低下、内部沟通不到位等问题，从而阻碍成员的创新能力和工作积极性。有界的管理模式的弊端具体表现在以下两个方面：

1. 职权集中

传统的决策执行程序是最高管理者在金字塔的顶端，他们的指令通过无数层的传递，然后到达执行成员处。而信息的汇集又是自下而上的，通过层层叠加和传递形成的完整信息，最后只有微商团队的最高管理者才能知道。这样的传达模式就会具有两个特征：第一，职权过于集中；第二，决策过程及信息完全封闭。

1) 职权过于集中表现在两方面：

① 导致决策过程缓慢，团队响应迟钝。

决策权是在最高管理者的手里的，但是决策所需要的信息是由基本成员层层传递到最高层的。在信息传达后，最高管理层还要具体筛选和分析这些信息。这一过程花费时间过久，从而使决策被延缓，团队因此响应迟钝。

② 创新受阻，团队失去发展机遇。

因为基层成员比较了解市场，所以他们一般会产生容易进行商业化且获得成功的创新想法。但是在有界体系中，能具体实施想法的只有最高管理者。由于高层管理者对市场信息不了解，无法对这种创新的商业价值直接做出判断，从而导致创新受阻，团队也很容易失去发展机遇。

就像大家知道的一样，微商就是用低成本进行创业的好方法，是一种新兴的创业模式。然而在 2014 年之前，大家并不这么认为。小 A 当时是某品牌化妆品公司的中层管理员，当时她经过大量的市场调查发现了商机，看准了微商这个渠道，然后向自己的上级提出建议全面进军微商行业，实行线上交易。

然而，当时小 A 的管理者认为线上交易成为不了主流，这种想法没有商业价值，从而拒绝了小 A 的建议。小 A 经过几天的思索，觉得自己不能错过这次机会，于是毅然辞职，进军微商行业。

第7章
微商团队去中心化管理五大技巧

而后微商行业大火，小 A 也因为这个决定而实现了自己的创业梦。而小 A 的老东家，因为局限在线下销售才是主流的思维里，受到了线上销售的冲击，销售额急速下降。

从案例中我们可以看出，小 A 的上级管理者因为缺乏对市场的了解，做出了错误的决定，导致团队错过了发展的机会。

2）决策过程及信息完全封闭。

决策过程及信息完全封闭会带来成员积极性不足和团队效率低下的问题。由于完整的决策信息掌握在管理者手中，基层成员知道自己要做什么，而不知道是为什么。如果二者利益相悖时，管理者的决策很难让成员们信服，成员们就会因此不乐于接受管理者下达的指令，从而消极怠工，极大地影响了决策的效果。

2．薪酬体系

传统的有界模式职权分明，根据职位的高低来确定薪酬，这样的薪酬制度就会出现以下问题：

1）成员过分关注职位晋升，从而阻碍团队健康发展。有界体系注重以职位划分报酬，这就意味着：在团队工作中，晋升才是最重要的。

当成员过分关注职位晋升时，就会为了达到晋升目的，做出一些危害团队健康发展的事，如破坏团队其他成员的工作成果，或者阻碍其工作进展，这些行为浪费团队资源，导致团队效率低下。微商团队如果过分依靠晋升来提高成员的薪酬，那么成员工作的动力就只有晋升，从而忽略了其他方面的发展，对微商团队整体的发展是不利的。

2）出现弱者替代强者的现象。有界模式的薪酬体系让成员认为晋升才是最重要的，而晋升的职位是有限的，这就有可能会导致工作能力强的成员得不到相应的提升，从而觉得自己不受重视和认同，最后对团队产生不满情绪甚至离职。而能力不足的成员则会认为自己不管去哪里都是一样的，从而选择安于现状。这样一来，能力较强的成员离开了团队，而能力不足的成员反而还留下来了。

7.3.2 无边界挑战领导力

为了适应市场变化，团队显然不能再采用有界管理模式，而是应该充分

微商团队裂变：
快速打造万人微商团队

体现团队的适应性和应变力。无边界管理就是有效而创新的管理模式，它突破了僵硬化的边界，重新规划团队的管理思维，完成团队的管理模式从死板到灵活的转变。因此，团队想要获得成功，不仅仅要具备目标、专业化和良好的控制手段等因素，还要提升创新力、灵活性和内部整合能力。

有边界的弊端来源于过度集权，使团队难以对市场信息做出迅速反应，从而导致丧失竞争力；而利益与职位高度相关，使团队产生不良竞争。无边界正好能削弱这些关联度。跨越有界，让无边界来挑战领导力，应该这样做：

1. 权力分散，从而实现信息共享

在无边界管理中，管理者充分授权给基层成员，把相应的责任和义务分配到基层成员手里，让有能力且最贴近相应工作的成员获得相应的权力，成员就会拥有一定的自主权，实现权责对等。这个做法既提高了成员工作的积极性，又使决策与信息源头相贴近，有效地缩短了从决策到执行的时间，加快了这项工作的速度。成员在收获参与感的同时，还提高了决策的准确性。

但是，要让成员成为决策者，还要予以相关的信息进行辅助，这就需要实现信息共享。决策方法是分散化的，这就要求成员要准备充足的信息，从而为决策打下基础。决策所需要的信息是由微观和宏观两个方面共同构成的，成员在工作过程中获取的基本都是微观信息，而对于团队的总体战略，成员的了解是比较缺乏。所以，无边界团队管理要求，从最高管理者到基层成员都要进行信息共享。只有通过信息共享，成员做出的决策才能与团队的目标和战略一致，而信息共享可以通过网络传播来实现。

成员的工作能力主要体现在专业性方面，对于决策方面是比较欠缺的，这就需要管理者对员工实行辅导。一方面，管理者可以为成员安排相应的培训；另一方面，管理者要成为一个合格的教练，对成员在决策上进行辅助。

2. 建立一个绩效与薪酬成正比的体系

在有界管理中，薪酬体系以职位划分报酬，导致成员的目的集中于晋升。而在无边界团队管理当中，成员的薪酬主要以成员的工作能力和业绩成效为基础，无论成员处于团队里的哪一个层次，只要其业绩突出，就有机会获得相应的报酬。这样成员就没有必要非要进入团队的管理层，而是专注于

能力的提升，从而提高自己的业绩。这样的薪酬体系减少了成员过于追求晋升而导致的不良情况，从根本上打破了团队的边界。

7.4 技巧四：团队管理要"放养"，不能"圈养"

此前和朋友聊天，谈到对微商团队成员管理的问题，我们之间的观点产生了分歧：管理团队成员，应该是"放养"还是"圈养"？我个人是支持"放养"的。

微商本身就是一个非常自由的行业，"圈养"只会约束成员们的自由，使团队成员心生抵触，不乐于团队合作。"放养"放飞了成员们的思绪，充分发挥了他们的想象力和创造力。与此同时，成员还会产生对团队的归属感，更利于团队的管理。

7.4.1 "放养"VS"圈养"

一位微商老总向我谈过他的困惑：

"某区域总监总是在招代理，可是销售量却总是上不来。我看我们家的代理工作兢兢业业，每天固定的时间就发朋友圈推销产品，每每立下的目标却总是达不到。"

"看看竞争对手的代理，我看到有吃吃喝喝一觉睡到十二点的，有游山玩水的，都懒成什么样子了！可是那些代理却能把产品卖得很好。"

其实，这位微商老总的困惑并非个例，团队成员每天按时按点工作，却还是完成不了任务，批评也不是，不批评又不行。其实仔细对比这位微商老总和竞争对手的差别，就能发现其主要原因就在对成员的管理模式上。

团队管理成员就像是放羊，既要保证羊群愉快吃草，又要保证其不会迷失方向。放羊有圈养和放养两种方式。圈养是在一定区域内，羊群有自己活动的自由范围，但是这个自由是有局限性的；放养就是不给羊群设置区域限制，每一只羊都可以随处吃草，既不会被限制自由，也不会脱离大部队。下面我们来看看团队"放养"与"圈养"的区别，如图7-1所示。

微商团队裂变：
快速打造万人微商团队

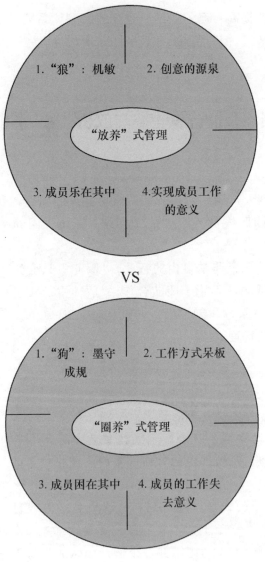

图 7-1 "放养"式管理和"圈养"式管理的区别

1."放养"成狼，"圈养"成狗

狼是被放养的生物，它们对环境的适应性、对猎物的敏感性和超强的攻击性，以及整个团队的团结性，是其狩猎时每战必胜的保证。微商团队正是需要这样的成员，对工作要有"贪性"，永无止境地拼搏，带动团队发展。

狗是被人类驯化的产物，虽然忠心耿耿，但依赖性强，像这样的团队，

第 7 章
微商团队去中心化管理五大技巧

成员极其依赖管理者，同时具有怠惰、分散和墨守成规的缺点，丝毫不利于微商团队的创新和发展。从这可以看出来，"圈养"使微商团队成员失去了熊熊燃烧的意志力和拼搏的野心。

2. 创意源于"放养"，"圈养"导致呆板

互联网行业所需要的创意要比其他行业强，当然也包括我们微商行业。微商行业对于成员的管理是比较宽松的，不需要上班打卡，没有固定的上班时间，还没有千篇一律的管理模式，是真正的 SOHO（Small office、Home office）一族。我们营造了一个宽松的管理环境，能让成员放飞自己的创意和灵感，给其一个势如破竹的发展空间，才让团队所需要的人才层出不穷，真正成为"创意之星"。

而"圈养"的模式呆板无聊，限制了成员自由发挥的主观能动性。这种模式虽然"圈养"了成员的身体，却"放养"了成员的心绪，导致工作积极性不高，甚至出现成员频繁跳槽的现象。

3. 得到"放养"的成员才会乐在其中

如果成员是团队里的鱼，管理者的工作就是饲养员。我们就可以知道成员"跳槽"的原因：小鱼在池塘里生长，总有一天会成为大鱼。而池塘却没有随着小鱼的长大而拓宽，大鱼怎么会蜇居在一个小小的池塘里呢？跳槽也就成了自然而然的事了。微商行业要随着环境的变化而变化，对于人才也是一样的。所以，管理者应该不断拓宽池塘，当拓宽的速度大于成员的成长速度，"圈养"就会变成"放养"。成员有一个合适的环境，自然乐在其中，又怎么会跳槽呢？

4. 没有放飞的风筝只是模型

"圈养"团队成员的目的就是通过规章制度，让他们放弃懒惰这一特性。"放养"的目的是让成员自由发挥自己的智慧，实现为个人和企业创造最大价值的意义。"放养"成员能让成员迅速成长，从而做出卓越的成绩。在微商这个行业，成员就像风筝，管理者只要紧紧抓住手中的线，成员飞得多高多远都不怕。而没有放飞的风筝只是模型，失去了风筝本身飞翔的意义。

7.4.2 打造"放养"式的狼性团队

狼性团队是像狼一样，有着自己的活动空间，但是具备着超强的凝聚力和执行力的团队。微商市场就是莽莽丛林，团队应该从形成的那一天起就要不断融入市场竞争，只有狼性团队才最有可能获得胜利。"放养"式管理在给了团队成员极高的自由度的同时，也不断在培养成员们的学习能力，向狼性团队不断前进。打造"放养"式的狼性团队，需要做到以下四个条件：

首先，管理者就要从管理思维上做起，把"圈养"换为"放养"，改变现状。管理者要认可成员们的自由度，而不是把成员的活动空间给固定下来。管理者给成员一个相对自由的工作空间，他们才能找到自己擅长的领域，最大限度地发挥自己的特长，从而保证每位成员都能做出成绩。成员们的才华得到发挥，也就会产生对团队的归属感。

其次，"放养"式管理要制定明确的成长机制。微商是一所大学，在鼓励自由的同时也要督促成员们学习，这就需要我们设立一个合理的代理成长机制。代理成长机制可以不受年龄、阅历和经验的限定，但是要从小到大去延伸，这样才是一个合理的成长过程。

传统的微商成长机制是从小代理做起，然后成为小管理，最后升为总代理。这种管理模式需要极其丰富的经验，升级速度也慢，有才华的代理要被埋没很久才有机会升级。所以，团队要使用"放养"的升级模式，给成员们传达一个信息：只要有才华，谁都有机会成为团队中的领头狼。

再次，管理者对自己进行自我管理，加强说服力。"放养"是没有必要对成员们逐个进行管理的，微商行业的管理看似比较乱，但其实是形乱而神不乱。做到这样的关键因素就是依靠管理者的自我管理。

管理者就像是狼群里的领头狼，一举一动都会影响着团队的发展。领头狼必然是狼群里能力最强的、思维最敏锐的。同样的道理，管理者只有不断地提高自己，才能让成员们心甘情愿地跟着自己走。

小 A 对自己的管理者小 B 极度不满意，因为她觉得小 B 平时不学无术，只会对上一级领导阿谀奉承，对团队管理的事一窍不通。有一次，小 B 把团队里的成员货物给弄混了，成员们只好互相调整，损失了一大笔邮费。不仅如此，有的成员还因为这次失误，无法及时发货，导致被客户投诉。

而小 B 在这次失误后，也没有充分认识自己的错误，把责任推到货物单的身上。经过这次事件后,成员们更是对小 B 颇有微词,对小 B 颁布的指令都视若不见,小 B 管理起来十分吃力。

在案例中,如果小 B 能够提高自己的专业能力,就不会在发货这么简单的事上出现失误。小 B 甚至没有认识到自己的错误,拒绝提高自己的能力,最后导致成员对她越来越失望,团队出现了人心分离的现象。

最后,"放养"同样需要制度来管理。制定制度的目的不是用来惩罚成员,而是起一个震慑的作用。制度要以教导为主,惩罚为辅,才能把成员的心给"拉拢"起来。这就像是领头狼的獠牙只会用于对付严重脱离队伍的狼,其他一般只会警告一下。

7.5 技巧五:合理授权,管理不失控

在春秋战国时期,鲁国有一个很有才学的人,名叫阳虎。阳虎能力出众,是不可多见的人才。但是阳虎也有很大的缺点。他经常假公济私、贪污受贿,在鲁国执政时甚至发起政变。政变失败后,阳虎跑到齐国,之后又辗转到晋国。

阳虎到了晋国之后,军佐赵鞅看重他的才能,予以重任。赵鞅的许多手下为赵鞅感到担忧,并且多人阻止赵鞅的这一不当行为。赵鞅的手下对赵鞅说:"阳虎最擅长的就是盗取别人的权力,这样的人物怎么能够重用呢?"赵鞅回答说:"阳虎擅长盗窃权力,盗窃的都是可以盗窃走的,我会给他一部分权力,但我也会固守着我自己的权力。"

赵鞅放手让阳虎进行一系列改革,实力日益增强。在阳虎对自己的权力有些飘飘然的时候,赵鞅又及时控制住阳虎的行为。最终,赵鞅在阳虎的辅佐下,成为晋国最强大的世卿。

赵鞅对阳虎的任用方法充分体现了授权的智慧,微商管理者应该像赵鞅一样,做到高瞻远瞩、运筹帷幄,而不是终日埋头拉车,不抬头看路。所以在微商团队裂变管理过程中,管理者想要让团队发展起来,必须要学会合理授权。

微商团队裂变：
快速打造万人微商团队

7.5.1 管理有力：授权能让团队得到更好的发展

授权是一种很好的管理方法，管理者将本来属于自己的部分权力授予成员们，让他们在必要条件下有效地行使权力，授权不仅充分调动了成员的积极性，让他们把工作做得更好，还能使管理者摆脱琐事缠身，从而可以养精蓄锐，做更重要的工作，一举两得。下面我们来看看授权都能达到什么样的工作效果，如图7-2所示。

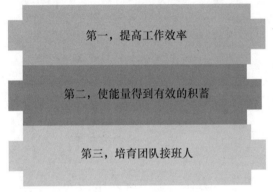

图7-2 管理者授权的作用

1．提高工作效率

根据二八原则，团队里只有20%的事务是关键的，而剩下80%是琐碎却不能缺少的。管理者应该合理授权给成员们，然后集中精力去处理那20%的关键事情，那么团队整体的效率就可以得到有效提高。

我的朋友小A，在一次举行微商线下活动中，既当主持人，又要对现场进行管理。在对产品进行介绍时，平时口齿伶俐的小A却频频忘词，一度出现了冷场的状况。不仅如此，在管理现场活动也出现了不少失误。活动举办完后，我问她为什么会出现这样的情况。

原来小A在台上主持时，心里又想着台下的情况。而在台下又想着刚刚主持的事，这样一来，做什么都没办法得心应手。整场活动下来，小A把自己弄得筋疲力尽，工作却也没有做好。

2．使能量得到有效的积蓄

近年来，越来越多微商成员容易产生职业疲劳，管理者更为严重。管理者合理授权可以减轻工作负担，减少因为烦琐事务而导致的身心疲劳。管理者一旦产生职业疲劳，工作起来就会力不从心，那么在工作上就很有可能出错。

有一句话叫作"老板为员工打工"，说的就是管理者不授权的情况。其实在对团队进行管理时，很多管理者就在做着大材小用的事，把精力消耗在无关紧要的地方。所以，管理者不要把权力紧紧拽住，可以适当授权，让自己轻松一些。

3．培育团队接班人

管理者不可能一直都原地踏步，工作没有任何升迁。当管理者升职或调走了以后，团队应该怎么办？团队要实现可持续发展，就要能带领团队成长的人才，这种人才不是一朝一夕就能培养成功的。为了填补人才的空缺而临时抱佛脚，如挖竞争对手的成员，这种措施是完全没有用的。

小 A 在这一方面曾经就犯过错误，她曾经在团队中身兼数职，还将财务、采购等事情一律包揽下来，每天只休息 5 个小时，其余时间都在忙团队的事情。但是有一次小 A 生了场大病，无暇管理团队的事。一个星期后再回到团队中，发现团队乱成一团。更令人难过的是，由于小 A 的做法并没有得到大家的认可，因此在她生病的时候，没有一个成员发来问候。

小 A 对自己进行了反思，开始适度授权。她将核心权力掌握在手里，将其他权力分放到其他优秀成员的手中。例如，她发现小 B 亲和力强，善于沟通，于是让她管理成员培训方面的工作；小 C 细致入微，小 A 便安排她去管理财务工作。不久之后，小 A 发现团队工作效率开始提高了，自己和成员的关系也因为有更多的相处时间而开始改善。

对于管理者来说，正确的授权能让成员发挥自己的才能，有利于管理者在锻炼成员能力的同时，寻找团队的接班人，以使团队"后继有人"。

7.5.2 管理有方：适时授权

授权不是说授就授，统一而授的。管理者要弄清楚团队处于什么状态，应该授予多大的权力，这样才能保证授权是有效的。授权主要有以下五种情况：

1）管理者做出决定，成员执行命令。初创时期人心不稳，管理混乱，这个时候必须要实行中央集权，由管理者掌控大部分的权力。管理者在做出明确的决定后，再交给成员去执行，避免出现失误的情况。

2）管理者向成员推销自己的决定。管理者在做出决策后，不必着急让成员去执行命令，而是征询成员的意见，授予成员参与的权力，但最终还是按照管理者的决定去执行。

3）管理者提出方案，与成员协商。在这个步骤中，管理者提出的方案只是一个粗略的规划，其具体步骤应该与成员协商过后再决定，成员就有了参与决策方案的权力。

4）管理者提出建议，成员做出决定。随着团队的发展，成员整合趋于完善。在这个时候，管理者可以对大体方案提出建议，而决策的权力则下放给成员，让他们决策且执行。

5）管理者制定规则，成员做出决定。团队整合完全步入正轨以后，就要合理对成员们授权。管理者给团队成员制定规则，然后让其自由发挥，并做出最终决定，这也就是授权的最高级别。

很多微商团队都是这么做的，就像再次招收代理，管理者就会给出一定范围，如招收的代理的工作范围、在招收多长时间内利润会达到什么程度及其工作会对团队造成多大的影响等，成员就可以根据这些条件做出具体的决策。

7.5.3 管理有度：授权而不失控

授权给团队成员，会不会发生什么问题呢？这就在于管理者会不会安全授权，在授权的同时还能控权。假设团队是一辆车，管理者就是坐在驾驶位上的人，要注意好油量、仪表和制动，同时把握好动力、检测和发动系统，才能安稳地控制好车子，否则就很容易出现车子没油、轮胎跑气等故障，严重的还会出现车毁人亡的事故。所以在授权的同时，还要做到不失控，管理者应该做到以下四点：

1）有区分地授权：这是指管理者还要从团队的整体做出考虑，注意哪些权力可以放，哪些权力不能放。例如，有的管理者认为，自己可以保留奖励权，而惩罚权就下放给成员。这样自己就能充当好人的部分，坏人让成员去做，不仅实现了授权，还能促进与普通成员之间的关系。但事实上，成员更害怕的是惩罚，惩罚权被放出去后，管理者起不到震慑的作用，对成员也不会再有号召力。不仅如此，成员得到惩罚权后，有可能出现"放水"的情况，大家就不会严格遵从规则，从而导致团队没有秩序。

2）有控制地授权：聪明的管理者都善于授权，但是却监控得很紧。把

第 7 章
微商团队去中心化管理五大技巧

握好权力的检测系统,授权才不会出现乱子。授权不等于撒手不管,管理者要对成员保持监控权,在授权的同时,建立一套控制制度,将之公示于众,并且及时进行考核,避免出现失控的状况。

3) 授权留责:"士卒犯罪,过及主帅"。成员不是万能的,在使用权力过程中也有可能会出错。出现这样的情况,成员固然要为自己的行为负责,接受处罚。但是,管理者不能置身事外,同时也要承担责任,绝对不能推诿过错。

4) 用人不疑。有很多管理者在授权之后,对成员的办事能力很不放心,于是经常干涉成员的决策,横加指责,让成员感到事事掣肘,从而影响成员的决策进度,也违背了授权的初衷。管理者应该做到用人不疑,给予成员最大的信任。在把工作授权给成员后,不应该过多地插嘴,如果发现问题,可以适当地给成员提出意见。

管理者只有真正地做到了这四个条件,才能做到授权而不失控,从而实现管理有度。

第 8 章 微商团队管理设置激励机制五大要点

微商团队成员在不同的工作环境、成长阶段及管理层次下都有相对应的需求,这就是激励的根源。例如,宝妈代理主要是因为养家糊口,改善生活,于是对物质报酬的需求会比较强;大学生代理有理想、有抱负,主要以发展前景、个人成长予以激励;而对一个工作好,业绩高的代理来说,就可以对其进行事业、使命的激励。

没有激励,成员们的需求得不到有效满足,工作也会因此而受到影响。设置激励机制有五大要点,缺一不可。

8.1 要点一:建立完善的绩效考核体系

某著名微商企业 A 公司规模巨大,研发团队更是一流,这就使他们的产品成为微商行业中的佼佼者。A 公司的某款产品曾被视为微商行业的"神仙水",在上市的第一天就销售一空,打造了一个微商行业的神话。

然而从 2017 年开始,令 A 公司骄傲的某产品销量急剧下降,A 公司的总体利润也急转直下,甚至出现了亏损的情况。经过仔细查询,发现原因竟然出现在绩效考核制度上。A 公司花费大量的时间和精力在产品科研和宣传上,却在成员的绩效考核上敷衍了事。不合理的绩效考核使 A 公司的代理失去工作热情,对产品的营销十分不上心。不仅如此,A 公司的绩效考核制度还引起了团队的不满,于是纷纷跳槽,失去了核心竞争力的 A 公司从此一蹶不振。

与此同时,与 A 公司一直都是竞争对手的 B 公司却在悄然崛起。B 公

第8章
微商团队管理设置激励机制五大要点

司的管理者认为"奖励"是最好的管理方式，于是大胆打破传统，推行"信赏必赏"的绩效考核制度。在 B 公司，成员的能力决定了其报酬水平。绩效考核能被评为一级的代理能够得到业绩 40%的报酬，而最差的五级代理，将会被收回代理权。这一制度是微商行业其他团队不敢想象的，引起了极大的震动。

在实行这一套绩效考核体系以后，在 2017 年，B 公司的超额利润达到 3 亿元，而其中用来奖励代理的资金高达 6000 万元。

A 公司曾经是一颗璀璨明珠，现在却暗淡无光，难现当年辉煌。不合理的绩效考核毁了 A 公司，而一个完善的绩效考核制度却成就了 B 公司。绩效考核，真的那么重要吗？

先看看《管子·七法》中的一句话："成器不课不用，不试不藏。"意思是说，对于人才，没有考核就不用，没有经过试用，就不能储备起来。这是因为团队不管发展到什么阶段都要进行考核，没有经过考核，就难分贤、愚、优、劣。这句话充分说明了绩效考核的重要性。

在微商团队管理中，考核同样占据着重要的地位。A 公司就是因为不重视绩效考核体系，导致公司没落。绩效考核是微商团队发展的"引擎"，没有一个完善的考核体系，团队的成员就没有工作的动力。绩效考核确保成员的努力方向与团队的目标保持一致，所以建立一个完善的绩效考核体系是团队持续发展的必然选择。

科学有效的绩效考核体系是增强团队核心竞争力，促进团队实现共同目标，推动团队可持续发展的重要工具。因此，建立一套完善的绩效考核体系，对团队提高管理效率和经济效益有着重要的意义。

8.1.1 团队绩效考核仍然存在问题

现在越来越多的微商团队都开始重视绩效考核，并开始着手改革绩效考核方法，希望能通过完善绩效考核体系，改善成员们工作的状况。虽然不少团队在绩效考核方面都做了很多工作，但仍然存在着不少的问题，如图 8-1 所示。

1. 考核指标不准确

虽然现在的微商团队都实行绩效考核，但是绩效考核的方法却不完整。在选取绩效考核指标的时候，指标量化不足，缺乏系统性。同时，绩效考核的指标针对性不强，存在与成员工作脱节的现象，缺乏有效的依据。

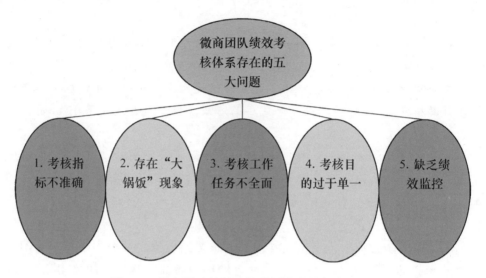

图 8-1　微商团队绩效考核体系存在的五大问题

例如，某团队代理的是高端产品，为了更好地了解客户需求，要求成员每个月收集客户的 50 条意见，否则就对其进行罚款。而团队成员的主要工作是向客户推介产品，这一指标就出现了与成员工作严重脱节的现象，会导致成员努力收集客户意见，而忽视了产品的营销，导致工作本末倒置。

2．考核存在"大锅饭"现象

微商团队考核没有具体落实到成员个人身上，缺乏对成员的具体绩效考核要求。这就导致微商团队成员多干与少干都是一样的，成员就不会用心推介产品。虽然也不乏部分团队会对成员个人进行考核，但是经常出现考核主观性过强，产生"晕轮效应"。

3．考核工作任务不够全面

很多微商团队的考核都是按照年初计划进行的，然后分解到月，最后根据每个月的工作完成情况进行考核。这样的考核方法在一定程度上会出现成员报计划时少报或是报一些简单的工作，绩效考核与工作之间就会出现不对等的情况，形成负激励。

4．考核目的过于单一

微商团队的绩效考核总是集中在成员的奖惩或薪酬发放等方面，很少涉及对成员的培训、工作改进及职业规划等方面，这就导致成员局限于当前的绩效成绩，注重短期的工作任务，忽略了长期的发展，导致团队的整体绩效水平降低。

5．缺乏绩效监控

很多微商团队都忽略了绩效跟进这一重要环节，只强调后期绩效评价，缺乏了对绩效过程的监控和反馈，绩效考核的效果也因此大打折扣。

8.1.2 完善绩效考核体系，我们就该这么做

创新管理思维是面对市场竞争最有效的方法之一，而科学合理的绩效考核制度就是团队的工作导向。为了进一步激发微商团队成员的工作热情，要建立一个完善的绩效考核体系，让团队实现共赢。对照以上存在的五个问题，下面提出了以下五点改善措施：

1．制定合理的考核方法，确保考核公正、公平

微商团队应该在原有的考核基础上，对成员进行二次考核。团队进行绩效考核时首先应建立一套有效的监督机制，必须要严格保证考核公平、公正。例如，选取一个工作态度认真、富有责任心的成员作为考核人员，防止弄虚作假的现象发生。

微商团队还要制定一个合理的奖惩制度，将其放在考核指标中，确保考核的公正和全面。在微商这个行业，团队在营销过程中经常会出现一些临时性的变化，此时应根据这些临时性变化的重要性和难易程度，给团队成员进行绩效考核。

2. 明确考核主体，杜绝"大锅饭"现象

根据微商团队的组织结构，可以将被考核成员划分为管理层和基础层。这样就可以明确划分每一位成员的任务，改善"大锅饭"的状态。

一个优秀的微商团队的绩效考核，管理层是要被上级、同级和下级同时测评的，而其他基础成员主要以上级测评为主，同级测评为辅来进行考核。这种考核制度让成员们互相监督，还有上下级提供客观评价，有效又不失公正。

3. 完善工作任务考核

根据团队的具体情况，设置一个合适的考核周期。考核周期时间不要太长，这会让成员过于放松。成员的工作计划与目标要相对应，并且管理者要督促成员按时完成工作计划，从而达到规定的目标。

4. 考核制度要与时俱进

"微时代"是与时俱进的产物，所以微商团队就不能将考核机制固化。要解决这个问题，微商团队必须对考核制度做出调整，让绩效考核体系"动"起来。想要考核制度长期发挥着激励的作用，团队就要根据内外环境的变化对其进行不断调整，从而保证考核制度的先进性和实用性。

小 A 所在的微商团队有很多的产品代理人都是宝妈，于是该团队根据宝妈的需求，给她们制定一些关于孩子的激励制度。宝妈只要在三个月内累计销售 100 套产品，其孩子在 0～3 岁，就奖励她们进口奶粉一罐；孩子在 3～6 岁，奖励书包一个。制定这样实用的绩效奖励后，小 A 的团队销售量节节攀升。

5. 建立绩效考核反馈机制

完成绩效考核后，可以增加一个反馈环节。例如，管理者和成员来一次面谈或座谈，相互交流一下绩效考核改进的思路，这就促使了绩效考核制度的完善。

绩效考核不仅仅是对工作的评价，还是成员工作的指导方向。绩效考核反馈环节可以让被考核成员及时认识到自己工作上的不足，促使成员不断提

第 8 章
微商团队管理设置激励机制五大要点

升工作绩效。

8.2 要点二：微商领导团队考核模板

微商领导团队主要是在线上营销，团队的工作成果很难直接用确定的数字来计算，所以要有一个核算结果的 KPI（Key Performance Indicator，关键绩效指标）标准。微商领导团队的营销一定要本着互动、服务及为客户创造价值的标准来进行。所以，要根据这些标准来设定团队绩效考核的 KPI，从而观察和分析领导团队的工作状况。微商领导团队工作绩效考核的 KPI 指标主要设定为以下四个方面：

1．工作业绩

微商领导团队的工作业绩主要由工作数量、速度及质量组成的。业绩是第一指标，它是团队工作成效的总和。工作业绩直接反映了管理者的贡献程度，是所有绩效考评里最重要的，通过它可以体现出微商团队管理者的价值所在。

2．工作态度

微商领导团队的工作态度包括主动性、责任感、协作性和纪律性。管理者的工作态度是对其工作的评价，由于工作态度的考评因素比较抽象，考评方法通常都是通过主观能动性来进行测评的。

3．管理能力

管理能力没有最好的测评方法，只有相对适合的测评方法。在微商领导团队绩效考核中，管理者的管理能力直接影响着团队的发展。这一指标主要通过考核关键点，探讨管理者是否具备该有的管理特质与行为。

4．学习能力

学习能力是所有能力的基础。经过学习能力的测评，可以知道微商领导

微商团队裂变：
快速打造万人微商团队

团队专业知识认识水平的高低，以及其执行能力的好坏。

通过以上四个指标，我们可以制定出一个微商领导团队绩效考核的模板，见表8-1。

表8-1 微商领导团队绩效考核模板

团队名称			部门						日期			
类别	考评项目	项目描述	D(不满意)			C（勉强）			B（满意）			A（很满意）			考评
			3	2	1	3	2	1	3	2	1	3	2	1	
工作业绩	工作量	工作量是否满负荷	大大低于平均工作量			低于平均工作量			工作量饱满			超出平均工作量			
	工作速度	工作完成的快慢程度	不能按时完成，工作拖拉			有时不能按时完成			能按时完成工作			积极主动，经常提前完成工作任务			
	工作质量	工作是否正确、清楚、完全	懒散、粗心，可避免的错误经常出现			工作不细心，偶尔出错			工作大体满意			工作质量上乘，并且知错即改			
工作态度	主动性	无详尽指示、无人监督下的工作能力	只能照章行事，需不断督促			日常工作无须指示，但新任务需督促			主动开展工作			一直主动工作且工作有计划			
	责任感	承担责任，而不是设法逃避	应付工作且经常推卸责任			责任心一般，不能主动承担责任			了解自己的职责且有责任心			竭尽所能并勇于承担责任			
	协作性	与他人在工作上的协作程度	个人主义严重，不肯与他人合作			应他人要求或必要时才与其合作			常争取与他人合作或协助别人开展工作			与他人协调无间，顺利完成工作			
	纪律性	自我约束力及是否违反劳动纪律	自我约束力差，时常出现违纪现象			提示、要求下能够遵守纪律和规章			能自觉遵守各项纪律与规章			遵章守纪，并教育、影响他人			
管理能力	专业知识	岗位必需专业知识的掌握程度	岗位必需及相关的专业知识掌握甚少			对岗位基本掌握			掌握岗位相关知识，并能灵活运用			专业知识丰富，能融会贯通			
	工作方法	解决问题的形式、途径	单一、呆板，方式不合时宜			能正确开展工作，但效果一般			方法得当，富有成效			产生理想效果			
	工作经验	由工作实践积累的知识或技能	基本无经验可谈			具有一些简单的经验			善于积累			阅历丰富			
	判断能力	对事物、现象的甄别与断定的能力	各方面判断力都很一般			只能判断一些简单事物、现象			具备综合分析、判断的能力，对工作有所帮助			判断迅速、准确且富有远见卓识			
	坚韧性	工作是否持之以恒	工作经常半途而废			无特殊原因可以完成工作			想方设法完成本职工作			很有耐心和毅力，工作持之以恒			
	协调沟通	处理公共关系的能力、交际能力	工作中始终处于被动局面			虽不影响工作，但沟通不够主动			协调、沟通方法得当			善于协调与沟通，并且卓有成效			

第 8 章
微商团队管理设置激励机制五大要点

（续）

类别	考评项目	项目描述	D(不满意)			C（勉强）			B（满意）			A（很满意）			考评
			3	2	1	3	2	1	3	2	1	3	2	1	
管理能力	应变能力	对突发事件的处置	手足无措、慌张，遇事无主见			偶尔出现处理不当的情况			可以面对突发情况，并且能正确处理			临危不乱，处事果断			
	系统性	是否能从全局着手观察、解决问题	无全局意识，孤立、片面地看待问题			全局观念不强，工作不系统、无计划			能从系统、全局出发看问题、做事情			顾全大局、考虑周到，变零散为系统			
	创造性	是否有新意	无创造性可言			有追求改革的意识			经常改进工作			创造性很强且效果优异			
学习能力	学习能力	接受新知识的速度、方法、积极性	很少主动学习			能学习工作所需的知识与技能			主动学习，能力有提高			学以致用，改善业绩			
考评得分	（A1:_×10+A2:_×9.5+A3:_×9+B1:_×8.5+B2:_×8+B3:_×7.5+C1:_×7+C2:_×6.5+C3:_×6+D1:_×5+D2:_×4+D3:_×3）/1.9														

8.3 要点三：微商成员考核模板

  微信对于微商来说不仅仅是营销渠道，还是高效的 CRM（Customer Relationship Management，客户关系管理）、客服及沟通工具。微商运营包括市场推广、售前与售后、营销等环节，所以 CRM 工具主要是指微商的公众号，定期向客户推送相应的产品和服务，让微商营销精准化；客服主要是指通过微信解答客户在购买、使用产品或被服务的过程中遇到的各种问题；而沟通工具主要是指代理人员用微信来增加客户感情，引导客户购买产品。

  微商团队成员考核基本分为三类内容：能力、态度及业绩，其中能力占总成绩的 20%，因为工作能力可以不断上升与调整，所以占的比重比较

微商团队裂变：
快速打造万人微商团队

小；成员的工作态度直接影响工作质量，占总成绩的 30%；业绩是考评的第一指标，占总成绩的 50%。这三个考核指标在考核不同岗位的成员时，具体内容会有所改变，下面给大家分析一下：

1. 微信公众号编辑人员

微信公众号编辑人员的考评主要侧重于公众号消息内容的传播率、"粉丝"的流失率及转化率。这三点内容可以直接反映出成员的工作状态，通过这三点内容的考察，就可以对微信公众号编辑人员做一个相对准确的考核。

1）传播率。传播率首先看"粉丝"数目增长的情况，这决定了传播的直接效果。"粉丝"阅读数越高，消息的到达数量也就越高，获取精准"粉丝"的可能性也就越大。

2）"粉丝"的流失率。微商团队的公众号不能主动添加好友，但是"粉丝"们却可以随时取消关注。要知道，吸引一个新客户的成本是留住一个老客户的 15 倍，所有流失的每一个精准"粉丝"，都是团队的极大损失。从这可以看出，流失率作为微商公众号的重要考核指标，可以杜绝因好友"粉丝"增长大于流失从而忽略了对流失"粉丝"的关注。

3）转化率。从在线的关注到消费，每一次从"粉丝"到客户的转化，以及"粉丝"转化的比例，都是考评营销效果的关键。客户消费是营销的终极目的，所以这是必须关注的指标。

根据以上三点内容，可以做出一份微信公众号编辑人员的考核模板，见表 8-2。

表 8-2　微商团队公众号编辑人员绩效考核模板

考核月份：　　　考核人：　　　考核日期：

被考核人	考核项目	指标	评分	自评	主管	备注
公众号编辑	能力（20%）	1.转载文章	3分			转载其他网站内容
		2.专题策划	2分			策划、制作专题内容
		3.网页制作	3分			使用工具制作网页

第8章
微商团队管理设置激励机制五大要点

（续）

被考核人	考核项目	指标	评分	自评	主管	备注
公众号编辑	能力（20%）	4.图片处理	2分			使用工具处理图片
		5.软文编写	2分			
		6.文档排版	2分			公司其他文档编排
		7.站内交互式回复	2分			微博、口碑推广等
		8.线上推广执行	2分			线上活动策划
		9.线上活动策划	2分			
	态度（30%）	1.出勤率	5分			迟到、早退、请假
		2.是否遵守上级指示,并及时准确地向上级汇报工作	5分			
		3.是否主动承担更多的责任	5分			
		4.是否注重协作	5分			
		5.是否积极主动,行为得体	5分			
		6.工作日志，工作周报	5分			
	业绩（50%）	1.按时完成工作	15分			
		2.无内容错误、大量错别字	5分			
		3.完成专题策划数量、质量要求	10分			
		4.完成软文编写数量、质量要求	15分			根据月计划比例
		5.按时按量执行线上推广	5分			根据月计划比例

2. 客服专员

对客服专员的考核思路主要是考核客户满意度、一次解决率及问题出错率等。但是有些微商团队较小，无法搜集此类信息，那么就可以明确客服的工作流程，梳理关键工作点，针对其工作内容进行考核。同时，考核人员还可以评价其工作态度作为辅助指标，从而得出考核结果。

根据以上内容，可以做出一份微商团队客服专员绩效考核模板，见表8-3。

表 8-3　微商团队客服专员绩效考核模板

考核月份：　　　考核人：　　　考核日期：

被考核人	考核项目	指标	评分	自评	主管	备注
客服专员	能力（20%）	1.文档编写	2分			合作伙伴等
		2.客户沟通交流	8分			
		3.客服计划制定	2分			
		4.潜在合作挖掘	5分			
		5.掌握公司业务	3分			
	态度（30%）	1.出勤率	5分			迟到、早退、请假
		2.是否遵守上级指示，并及时准确地向上级汇报工作	5分			
		3.是否主动承担更多的责任	5分			
		4.是否注重协作	5分			
		5.是否积极主动，行为得体	5分			
		6.工作日志,工作周报	5分			
	业绩（50%）	1.优质完成客户回访、问答	15分			QQ群、微信群、客服邮箱等友情链接、合作等
		2.维护线上客服工具并受理信息	10分			
		3.按时按量执行线上推广	15分			
		4.完善客户资料并归档、分类整理	10分			

3. 产品代理

微商团队的每一位产品代理都是营销工作的主力军，其业绩影响着团队的发展。可以对其营销计划的完成率、营销额度增长率等方面进行考核，可以清楚地知道其业绩如何。除此之外，还可以调查客户意见，从而了解成员的工作态度。

根据这些内容，可以做出一份微商团队产品代理绩效考核模板，见表 8-4。

第 8 章
微商团队管理设置激励机制五大要点

表 8-4 微商团队产品代理绩效考核模板

考核月份：　　　　考核人：　　　　考核日期：

被考核人	考核项目	指标	评分	自评	主管	备注
产品代理	能力（20%）	1.合作伙伴沟通交流	5分			
		2.合作计划的制订	5分			
		3.商务文案编写	4分			
		4.潜在合作挖掘	3分			
		5.掌握公司业务	3分			
	态度（30%）	1.出勤率	5分			迟到、早退、请假
		2.是否遵守上级指示，并及时准确地向上级汇报工作	5分			
		3.是否主动承担更多的责任	5分			
		4.是否注重协作	5分			
		5.是否积极主动，行为得体	5分			
		6.工作日志，工作周报	5分			
	业绩（50%）	1.按要求成功零售产品	10分			
		2.按要求成功洽谈代理合作	10分			广告互换、商务合作等
		3.按时提交团队所需客户资料	10分			协调其他同事实施
		4.制订产品推广计划并按量执行	10分			
		5.完善合作伙伴的资料并归档、分类整理	10分			广告互换、友情链接等

8.4　要点四：完善晋升体系

晋升体系是微商团队激励成员的重要手段之一。晋升可以增强成员的工作责任和权限，提高其社会地位。通过晋升，成员还可以获得更多提升自身能力的机会，因此晋升体系可以极大地提高成员的工作积极性。在微商行业，不少成员把更高的职位当作自己的工作目标，他们把晋升当作衡量其成功与否的重要标志。所以，晋升作为激励手段对微商团队来说是非常重要的。

8.4.1 目前晋升体系弊端多多

从微商团队的角度来看，晋升比其他的激励体系更具长期性，能够鼓励成员的长期行为，减少成员流失。尽管晋升对于团队和成员都有着不可忽视的作用，但在现实里，晋升的诸多弊端导致结果并不能令二者满意。

1. 晋升依据和路径不合理

某微商团队有一个总代理的职位空缺，想从团队的5个区域代理中选拔一位填补空缺。其中A区代理的呼声最高。A区代理工作勤恳认真，营销业绩最为突出。不仅如此，A区代理对待成员也和蔼可亲，细心指导成员工作，经常分享销售经验，使得该区的销售额总是遥遥领先。

但是经过该团队的领导集体研究后，决定由B区代理担任该职位。结果一公布，团队成员纷纷反对。原来，B区代理整天不务正业，不关心自己的代理工作，而是热衷于"拉关系"。当然，B区代理在团队中也有着特殊背景，所以销售业绩总是最后一名也没有被"降职"。不仅如此，B区代理的区域效益都是该区域成员努力创造的，B区代理并没有参与其中。

很多成员对这一结果感到非常愤怒，觉得晋升制度不公平，看不到发展前景，于是纷纷离职。

这个案例充分说明了微商团队的晋升依据和路径不合理的现状。微商团队发展过程中，管理者高度集权的制度占据了主要地位。这种制度容易形成特定的用人机制：任人唯亲。虽然职位晋升要求考虑成员的能力和素质，但是管理者才是掌握决定权的人。因此，在晋升的候选人里，与管理者关系亲近的人有更多的机会得到晋升。

中国有个传统叫作"尊敬老人"，其本意是尊重长辈，但在挑选人才上却被歪曲了本来的意思，变成了用人要按资排辈。微商团队大多还会使

第 8 章
微商团队管理设置激励机制五大要点

用这种按资排辈的用人机制,加上经验主义的影响,晋升机会优先考虑老员工。

微商团队任人唯亲与论资排辈这两种用人体系是不公平的,它们使晋升体系无法全面发挥其激励作用。另外,这些不合理的晋升体系,过多地考虑关系亲近或资历较老的成员,让这些人晋升到不能胜任的职位上,降低了团队的工作效率。不仅如此,还会让一些有能力的成员得不到晋升,在人力资源上造成了浪费。

2. "彼得原理"现象严重

很多微商团队在初创时期,主要通过追加投资的方法来增加效益,对微商团队管理人才的要求不高,于是在选择管理人才上盲目提拔。在团队盲目提拔和成员盲目追求的双重影响下,部分成员就有可能被晋升到不合适的职位,这就是"彼得原理"。

这种情况就像把足球运动员放在了篮球赛场上,虽然二者都是团队比赛,都需要强健的体魄,但是在细节的运用上是不一样的。于是足球运动员在篮球比赛过程中,发现自己的天地应该是在绿茵场上。但是,篮球比赛已经开始了,不仅自己无法发挥长处,还影响了团队的成绩,造成了两败俱伤的局面。

在微商团队中也是一样的,把成员晋升到不能胜任的职位上,不仅达不到预想的效果,还会影响其他成员的发挥。而且,团队晋升的做法通常都是只升不降,这就很容易造成优秀成员的离开,造成人才流失。

8.4.2 微商团队晋升激励面临的挑战

微商团队的晋升机制不仅可以为成员们提供有效的激励,还可以优化团队的资源配置。但是存在优点的同时也会面临挑战,下面看看微商团队晋升激励面临着怎样的挑战。

1. 组织结构扁平化导致晋升空间减少

扁平化的管理模式兴起,逐渐取代呈金字塔状的等级式管理模式。等级式的管理模式在市场稳定时会比较有效,成员需要管理者具体的指导和监督。但是,随着市场形式的变化,等级式的管理模式弊端也随之显示出来:

管理层次多、信息传递慢，导致管理层决策缓慢。微商市场变化莫测，更新速度快，竞争越来越强烈。为了在众多竞争对手中脱颖而出，微商团队需要迅速反应，扁平化管理应运而生。

扁平化管理主要就是减少管理层次，增强管理幅度。这样的管理模式反应敏锐，决策快速，适应当前微商团队的发展。但是，扁平化管理顺应了微商的发展需求，也给微商成员的晋升体系带来了挑战。

首先，管理层次的减少意味着成员的晋升空间也随之减少。扁平化管理的特点就是减少管理层次，也就导致了成员的晋升职位大量减少。晋升本来就是多数成员争夺少量职位的过程，扁平化管理会让这种竞争更为激烈，必然挫伤成员晋升的积极性。随着职位晋升概率的降低，晋升激励的期望值也会降低，晋升的激励作用将会大大减少。因此，扁平化管理带来的晋升激励效用不足，是微商团队必须解决的难题。

其次，出现"职业高原现象"。由于中间管理层的大量减少及高层职位的竞争难度增强，很多成员的职业发展出现了停滞现象，这就是"职业高原现象"。这种现象一般会引起两种结果：一种是绩效高的微商成员不满足于团队现状，选择另谋高就。这不仅造成了人才流失，成员的频繁流动还会影响团队的稳定发展；另一种结果是成员安于现状，由于少了晋升的激励，他们不再用心工作，很难做出出色的业绩。

2. 成员知识水平的提升导致晋升需求量增加

微商团队里的很多成员拥有高学历，他们不同于传统成员。这些知识型成员具有不断学习的能力，会进行较高的自我完善与自我管理，也因此追求高于普通成员。不同于普通成员对物质激励的满足，知识型成员比较注重自我价值的实现。而这种价值最直接的体现就是在职位上获得晋升，因此晋升的竞争也就更为激烈。

8.4.3 完善晋升体系，让微商小白也有机会成为大咖

晋升是微商团队裂变管理中非常重要的一项工作，通过晋升可以加强微商成员的安全感、尊重感及自我实现感，因此晋升对微商成员们具有很强的激励作用。但是，这种激励作用是否能挥发得当还取决于微商晋升体系是否健全。因此，完善微商晋升体系至关重要。一般情况下，

第8章
微商团队管理设置激励机制五大要点

完善微商晋升体系需要从以下三个方面出发：晋升依据、晋升路径及晋升程序。

1. 制定合理的晋升依据

在做晋升微商成员的决策时，微商团队的依据是什么？不管是成员的工作能力还是在职资历，或二者结合，如果想让微商团队晋升发挥激励的作用，就必须让成员们感到晋升依据是公平合理的。

当微商团队想要以成员的在职资历作为依据时，微商成员无论再怎么优秀，只要没有达到团队要求的在职资历年限，就得不到晋升，这样会挫伤成员的工作积极性。如果以工作能力作为晋升依据，明显是一个不错的选择。但是，工作能力的衡量标准很模糊，没有固定的界限。

还有一个晋升依据可以作为参考，那就是绩效。在某一个晋升机会上，同时存在多个候选人时，绩效最佳的成员可以获得晋升机会。其实，这也是大多数微商团队使用的方法。根据"彼得原理"理论，在一个等级制度的团队中，每位成员都趋向上升到其所不能胜任的职位。也就是说，按照绩效作为依据，很容易把微商成员晋升到一个不能胜任的职位。这样做既无法让成员很好地发挥自己的才能，也会给团队造成人力资源浪费。

因此，制定一个合理的晋升依据，不仅要考察成员的工作绩效，还要考虑其综合素质能否符合晋升的职位。只有这样才能保证晋升制度公平合理，对微商成员们起到激励的作用。

2. 开辟多种晋升路径

现在，很多团队都开始使用双重职业生涯路径，微软、惠普等著名企业都在使用这种晋升机制，并且取得了良好的成效，微商团队晋升机制也可以借鉴这种模式。双重职业路径是为专业技术成员设计的晋升路径，它是两条平行的职业发展路径。通过这种晋升模式，管理人员将会承担更多的责任和享有更大的权力，专业技术成员将会得到更多的资源。二者区分开来，更具有工作的独立性。

双重职业路径让专业技术成员获得了更多的发展机会，在这个基础上，还会衍生出更多的晋升模式。例如，某微商著名品牌 A 公司，就通过多阶梯制度取得了不错的效果，见表8-5。

微商团队裂变：
快速打造万人微商团队

表 8-5　A 公司的多阶梯制度晋升路径

等级	管理	开发	研究	营销
7	副总裁			
6	总经理	高级开发专家	高级研究专家	总代理
5	经理	开发专家	研究专家	区域代理
4		助理开发专家	助理研究专家	团代理
3		开发代表	研究代表	代理代表
2		开发工程师	项目研究组长	批发代理
1		工程师	研究员	零售代理

A 公司把晋升路径分为四种：管理、开发、研究、营销。其中，开发、研究和营销可以归类为专业技术阶梯。在这种阶梯制度中，A 公司首先明确了各阶梯的内容与区别，让团队成员可以明确自己的晋升路径。其次，明确晋升标准和方法，按照成员的表现，让其在选择的路径上获得晋升。当成员达到专业技术阶梯第 5 层次或更高层次的时候，每一个技术阶梯都有一个管理阶梯与之相对应，二者在级别和待遇方面都是一样的。

经过这些阶梯制度，A 公司专业技术成员不需要走行政管理的道路也可以获得相应的晋升，既拓宽了他们的发展空间，为团队留住人才，又避免了技术人员无法胜任行政管理职位的尴尬情况。

3. 规范员工晋升程序

为了避免晋升体系出现"形式主义"，微商团队必须要制定一个规范的晋升程序，然后公之于众，让微商团员们监督执行过程。微商团队还可以随时公布某些晋升职位的需求信息，明确晋升要求和竞聘方式，使晋升过程更加透明。在这一点上，某微商集团 A 集团就做得很好。

某微商集团 A 集团在完善晋升体系中，提出了"晋升如打擂，人人有机会"的口号。他们定期公布晋升职位需求信息和竞聘条件，只要有相应的能力，无论是新老成员，都可以参加这一职位的竞争。A 集团的这一做法，为很多有才华的成员提供了晋升的机会。因此，A 集团人才济济，不断壮大，很多成员都认为，是 A 集团的晋升体系让自己实现了自我价值。

按照以上三种晋升思路，微商团队建立和完善晋升体系，各方面的激励机制才能相辅而成，从而达到一加一大于二的效果，保证晋升的激励效果能够达到最优。

8.5 要点五：激励效果评估体系

微商团队实施有效的激励手段，可以激发和引导成员们工作的积极性、主动性和创造性，实现团队效益最大化。同时，通过对激励效果的反馈，团队才能不断完善和改进激励机制中的不足。而微商团队激励机制主要包括结构薪酬机制、绩效考核机制、晋升发展机制和人才培养机制等内容，下面具体分析一下常见的四种激励机制，通过分析它们的做法，评估其效果。

8.5.1 结构薪酬机制

薪酬对微商成员有着直接的激发作用，它能够满足成员的基本需求。薪酬激励是目前微商团队最普遍使用的激励手段，也是成员比较关注的方面。在微商团队建立一个系统而全面的薪酬机制，可以同时解决微商团队的外部竞争和内部激励问题，还能让成员感到公平公正，从而发挥薪酬的激励作用。

1）设置一个专门的薪酬管理机构。薪酬机制是基于团队职位设置的差异、成员的业绩完成情况及对团队贡献的多少等因素建立起来的。薪酬机制的顺利运行需要设置专门的机构，调查研究同行的薪酬水平，制定薪酬管理制度，核算成员的薪酬等级标准等工作。

2）设计结构薪酬的组成。有效的结构薪酬制度可以调动微商成员的积极能动性，让成员为了增加其薪酬而努力工作。结构薪酬主要由职位工资、绩效工资、工龄工资及业绩分红四个方面组成，如图8-2所示。

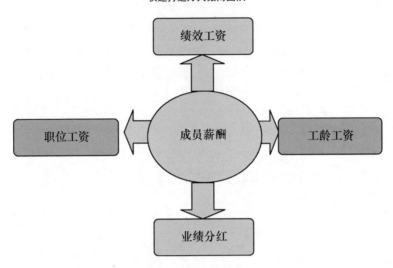

图 8-2 结构薪酬的构成图

① 职位工资。职位工资是根据成员在微商团队中的职位重要程度、所负责任的大小等因素而决定的。微商团队制定的职位工资水平应该等于或高于同行业的工资水平，既提高团队薪资的竞争力，吸引优秀人才，又展现了团队招贤纳士的诚意。设置一个合理的职位工资，能让团队在招聘环节上优先获得招聘竞争优势。

② 绩效工资。绩效工资主要用来激发成员之间的相互竞争，营造团队良好的竞争氛围。绩效工资具体实施中，其标准是事先预定的，然后根据成员完成业绩的程度发放奖励。为了激励成员更好地完成工作，绩效工资不仅仅是奖励，还有惩罚。例如，按数或超额完成工作的成员，其绩效工资就能得到提高；连续两个月没有达到业绩目标的，就应该降低他们的绩效工资。

③ 工龄工资。工龄工资是依据成员为微商团队工作的年限而制定的工资，奖励成员累积对团队做出的贡献。工龄工资的作用是增强团队的向心力，让老成员在团队里获得归属感，从而提高对团队的忠诚度。

④ 业绩分红。业绩分红是微商团队根据当年或当季的经济效益、成员对团队做出的贡献来发放的工资。业绩分红可以鼓励成员把个人和团体的目标融合起来，从而努力工作，为团队做贡献。

8.5.2 绩效考核机制

为了激励成员，小 A 要在她的微商团队里实施绩效管理。小 A 决定采

第 8 章
微商团队管理设置激励机制五大要点

用很多团队广泛使用的"月度绩效考核法"。可是在实施绩效考核三个月后，小 A 发现团队成员的积极性不仅没有提高，原本积极的成员反而变得不积极了。而一些考核人员上交的考核结果也是日趋平均，给成员们打的分数都是相同的。不仅如此，团队里的人际关系开始变得很微妙，还有不少成员选择离职。

小 A 觉得很困惑：不是都说绩效管理好吗，为什么我实施的绩效管理不仅得不到好效果，还产生了那么多的负面影响呢？

微商团队建立绩效考核机制，一方面可以通过有效的绩效考核，让成员们认识到自己和标准的差距，及时调整自身原因，从而提高微商团队的工作效率；另一方面可以通过对成员的业绩做出一个客观而公正的评价，依据考核结果给成员提供相应的奖励，从而提高成员的满意度。绩效考核机制激励微商成员为取得更高的奖励而努力工作，把成员的个人目标与微商团队的共同目标有效结合起来。所以，在微商团队里应该设立一个科学、公正的绩效考核机制。而小 A 的做法到底错在了哪里？可以经过下面的措施分析一下。

1）设置专门的绩效考核机构。微商团队的绩效考核是比较烦琐的，不仅要收集成员的业绩数据，依此设定绩效标准和绩效指标，还要对比确定设定目标与实际业绩的差距，以及对成员的工作过程进行评估和修正。因此，微商团队只有设置专门的绩效考核机构，才能保障绩效考核工作的顺利进行。

2）考核指标要细化。微商团队设置绩效考核的原因在于提高成员的工作积极性，最大限度地发挥激励机制的效果。为了保证绩效考核体系公平公正、科学有效，团队应该尽量选取可量化的指标，从而避免主观判断发生评估偏差。细化考核指标，然后通过业绩考核将成员的业绩与报酬挂钩，发挥激励效果，让成员在各自的工作上为团队创造更大的价值。

3）制定合理考核周期，及时纠正成员错误。绩效考核不应该只是一个期末考试，而是贯穿到团队发展的整个过程。所以，微商团队要根据成员的工作职位及性质，制定一个合理的考核周期，更全面地了解团队发展的过程。在考核过程中，不仅仅能对做得好的成员予以嘉奖，还能指引成员发现工作中的不足，及时纠正错误，提升自己的工作能力。

4）接收成员反馈，优化考核体系。微商团队不应该制定千篇一律的考核体系，应该寻找一个最适合自身发展的考核体系。因此，在建立和实施微商团队绩效考核体系过程中，团队要加强与成员的有效沟通，收集成员的反馈意见。这样一来，团队就能根据成员的需求，优化调整考核体系，从而最大限度地发挥激励作用，让成员工作积极主动起来。

小 A 只是照搬了一个绩效管理模式过来，既不符合成员的需求，也没有专门的考核机构，考核该有的指标和周期也都没有。照搬过来的管理模式只是空壳子，除了限制成员发展，完全起不到激励的作用。

8.5.3 晋升发展机制

在工作上所获得的成就感和发展前景，是调动微商团队成员的激励因素，满足了成员高层次的需要。如果对成员的晋升发展机制没有详细的规划，一方面导致成员看不到自己发展的空间，从而对发展前景不抱期望，起不到激励成员的积极性、主动性及创造性的作用；另一方面，成员的晋升需求得不到满足时，就很容易在团队外部寻求更好的发展机遇，从而导致人才流失。所以，及时构建微商团队长远、明确的晋升机制是非常重要的。

1）组建专门的晋升评审机构。由于评审微商团队成员晋升这一工作会涉及团队管理层的素质，还要保证评审工作公平公正，因此，应组建一个专门的晋升评审机构，让团队里的权威人员参与其中，明确评审工作环节，然后对成员进行全面的、系统的审查，确保成员晋升工作顺利进行。

2）设计多样化晋升通道。构建微商团队晋升机制时，应该避免单一的晋升路线，否则容易造成不同工作性质的成员的晋升标准不统一，让成员感到不公平。团队可以根据成员的业绩、学历、技能等不同因素确定晋升的标准，让晋升通道多样化。

晋升门槛如果太高，让成员们望而却步，不能起到激励的作用，还会因此增加成员的离职率。因此，团队可以根据成员的工作性质，为其设计独特的晋升通道。例如，微商团队的晋升通道可以设置为管理类、技术类和操作类，让工作性质不同的成员在取得优异成绩后可以获得晋升的机会。这种做法明确了微商团队成员的发展路线，最大限度地激发他们的工作热情，充分发挥了晋升机制的激励作用。

8.5.4 人才培养机制

微商团队进行有效的培训，可以满足成员自我发展和提升的需求。为了

第8章
微商团队管理设置激励机制五大要点

解决团队所存在的新成员适应工作速度慢、成员学历高但能力低、培训内容笼统及培训过程不专业等问题,在微商团队里就要实行系统而科学的人才培养机制。

1)专门的培训管理机构。培训是微商团队裂变管理中很重要的一环,如果没有一个职责明确的机构进行培训管理,微商团队的培训工作就很有可能发生混乱甚至无法正常进行。因此,微商团队应该要有专门的培训管理机构,负责分析培训需求,确定培训目的,制订培训计划和评估培训的效果等工作,让团队的培训工作顺利进行,取得成效。

2)对新成员的培训。微商的门槛比较低,成员很快就能熟练工作。但是,微商新成员通常缺乏自觉性,而且对产品经常都是一知半解,不能为客户提供周到的服务。所以,团队要全面详细地培训新成员,提升他们的综合能力。

3)激励性培训。激励手段是多样化的,但最实用的却是培训。将培训作为提升工作能力和奖励业绩突出的平台,对团队中做出过突出贡献的成员进行激励性培训,从而发挥成员的积极性和创造性。

4)培训与成功相互转化的循环。微商团队对成员进行特定的培训,主要是为了提升成员的工作技能或工作能力,在工作上给团队创造更好的收益。而对优秀成员进行培训后,成员可以运用培训的知识和技能在业绩上再创新高,从而获得团队的奖励性培训,形成一个良性循环。

第 9 章 微商团队稳定发展的五大策略

微商行业如此火爆，前面章节所叙述的内容，能让微商团队强大起来。但是只知道怎么让微商团队强大起来还不行，更重要的是让团队在强大的基础上，保持稳定发展，才能让微商团队呈现欣欣向荣的发展盛况。

维护团队稳定发展需要让团队持续规模化、立体化及科技化，团队还要向代理进行营销支持，教导其重视后续维护，让其代理事业蒸蒸日上，实现良性的长远发展。

9.1 规模化：人海战略是微商团队的发展趋势

100 亿元，一个在大多数微商企业看来遥不可及的销售业绩，在 2016 年 12 月被中国微商界的龙头老大 A 公司实现了。

"真的没有想到过今年 A 公司的销售额会达到 100 亿元。"在面对媒体的采访，A 公司的创始人 S 女士率先坦诚，100 亿元对 A 公司来说也实属意外之喜。

A 公司将这一具有里程碑意义的事件归功于人海战略。人海战略，人，就是代理。

"A 公司一直重视'规模化'培养，坚持培训代理业务知识。除此之外，A 公司强调产品的快速营销。"S 女士表示，A 公司对自身的定位是微商行业的"制造业"，以快速营销为主要经营策略，通过不断发展下线代理来提高销售额，而人海战略也成为 A 公司经营策略最显著的特征。

在百亿元之外，A 公司更为看重的是另一个数字。"在人海战略之前，A 公司在全国微商市场所占份额是 2.9%，而现在，A 公司的市场份额已经迅速提高到 4.7%。"S 女士很骄傲地说。

不得不承认，正是人海战略使 A 公司获得了财富和地位的"双丰收"。

S 女士表示，超百亿计划，明年还要继续。

微商使用人海战略被很多团队认为是一种低级的战略，甚至是错误的战略，那些使用人海战略的团队也肯定很落后和低智商。事实上，很多著名的微商团队都在使用人海战略，虽然很多情况下人们并不认同这种做法，但是并不难看出人海战略仍是最符合微商发展的商业战术之一。

9.1.1 人海战略：从你的全世界路过

很多人都觉得，互联网的发展让人海战略失效了。其实，人海战略并没有被互联网打倒，相反，它还在不断地以新的形式创造奇迹，即使强大如今天的 BAT（B=百度、A=阿里巴巴、T=腾讯），人们依然可以看到，百度在全国依靠着大大小小的代理商推行着，阿里巴巴依靠地推大军，腾讯在第三方服务上有着难以计数的员工。BAT 比大多数企业要更为重视在人海战略上的应用。

而在微商团队运营中，人海战略更是充分显示了它的优势，无处不在，无孔不入，让微商从你的全世界路过。

1. 线下百人，线上万人

微商团队的人海战略无论是对团队还是对代理或客户都有好处。在线下，一家规模百人的企业已经算是比较大的企业了，而在线上，微商代理甚至可以发展到万人以上，使销售队伍得以壮大。通过人海战略，微商产品可以得到更大范围的推广。下面是一个小案例。

这些年，很多微商无法持续赚钱的根本痛点分别是：没有起盘的创新模式与机制（模式痛点）；没有持续的"粉丝"与流量（流量痛点）；没有超高转化率的招商文案（文案痛点）；没有经过正规化管理的团队（团队管控痛点）；没有源源不断的新代理加入升级（裂变机制痛点）；产品无法从底层动销，流向终端（零售动销痛点）。因此就不能形成良性循环。

某微商团队通过对市场独到的敏锐观察力和丰富的操盘经验，通过人海战略，彻底解决了这六大难题。他们在业内率先转型升级，进军线下，线下推动线上，价值互联，不断带来新鲜血液，增加社会信任度和影响力，带来微商史上最强改革，创造了新的行业准则，开通了多元化销售渠道，终端销售为王，为每一个新微商踏上新的征程奠定了坚实的基础。

通过人海战略，实现线上线下相结合，打破了微商传统模式，实现了新微商、新格局的状态，迎来了这个微商团队的新未来。

2. 人海战略让你坐拥百万会员

其实微商代理就是人海，多多益善。微商行业的代理模式就是人海战略的最佳证明，微商的人海战略演变就像是战争史，从最开始的抱团拼消耗，最后到微商千团大战，线上线下互动。因为微商一直在优化人海战略，所以在开拓微商团队市场时，它发挥了重要的作用。

对微商团队来说，线上人海战略的花费比线下低了很多。通过发展线上的模式，团队可以省下线下工作场所的租赁费用、内勤人力等成本投入，把费用转向线上的推广。

在某微商品牌的微信公众号上，客户绑定身份成为会员后，转发他们家产品的链接，如果有人通过链接购买产品，该会员可获得奖励。会员还可以邀请好友一起来，邀请成功也会获得奖励，邀请越多，奖励越多。最后，该微商品牌的会员达到了百万人。

在这个案例中，该微商品牌充分利用了人海战略的特点，通过层层宣传把传播效果扩大，最后形成核裂变，成功坐拥百万会员。

9.1.2 玩转人海战略，先要减少代理流失

很多经验表明，人海战略是微商市场中运用最广的模式，这种高效的制度具有成本低和服务质量高的优势。在微商行业发展初期，很多微商团队都采取了重规模轻效益的经营战略，为了扩大规模，不断采用人海战略抢占市场。但是在大规模招代理的情况下，很多团队忽视对代理的指导与关怀，代理素质低下，销售误导等现象随之发生，损害公众对微商代理的认可度。人海战略受阻，代理不断流失，微商行业因此加大了经营成本。完善人海战

略，减少代理流失是刻不容缓的。想要改善代理流失，就要从以下四个方面做起，如图 9-1 所示。

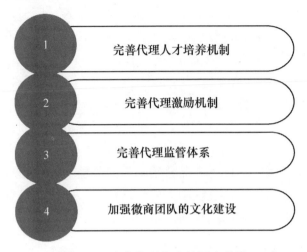

图 9-1　改善代理流失的四大做法

1. 完善代理人才培养机制

微商市场代理人才面临着供求严重失衡的情况，越来越多的微商企业的兴起加速了营销人才的需求。因此，建立一个有利于微商代理长期稳定成长的管理体制势在必行，各个微商团队也越来越重视高素质代理的招募和培养。

（1）提高代理的准入门槛。有人问，招募更多的人才不是应该降低门槛吗？不！降低门槛进来的人多，但走得也快。想要规避代理在工作时出现的风险，微商团队应该严格控制代理的应聘资格。代理大量流失的主要原因是微商团队在招聘时没有严格筛选，导致许多不适合微商行业的人被招聘进来。

在招聘时，应该充分考虑代理的综合因素，这样才有利于提高他们的综合素质和发展潜力。招聘者也应该如实告知微商营销的工作模式、难易程度等。一些代理的流失就是因为进入微商行业后发现现实的情况比面试时自己所设想的难多了，因为对自己期望太高，对工作中的负面评估太少，以致承受不住，从而选择离职。如实相告有利于挑选具有发展潜力的代理。

（2）建立科学完善的培训体系。现在还有很多的微商团队的培训体系不够完善，培训内容也不够合理。微商团队重营销轻培训的经营理念造成了大量代理流失、代理归属感缺乏等后果。新成员在进入微商行业后不久，因为微商团队重视短期业绩，对新成员的培训重视度不够，因而对新成员的培训方式都是集中授课，并且进行填鸭式培训，缺乏针对性，得不到好的培训效果。又由于缺乏实践经验，产品营销不出去，不可避免地造成新成员大量流失。

培训是微商团队裂变管理的重要方法，随着竞争的加剧，微商团队应该越来越重视培训。从代理的角度来看，能不能得到好的培训也是他们选择微商团队的重要参考指标。因此，微商团队要建立一套科学、完善的培训体系，培训内容涉及团队文化、产品营销知识与技能、业务拓展等方面。同时还要针对不同等级的代理，设置不同的培训内容，让培训具有针对性，这样才有利于留住代理，提高产品营销质量。

2. 完善代理激励机制

建立合理的激励机制，是有效降低微商代理流失的重要途径之一，还能吸引更多的优秀人才，推动微商团队的良性发展。完善代理激励机制可以增加代理的福利保障，增强代理对团队的归属感。合理的代理机制应当体现出其针对性，强化对新成员的保障，而老成员从业时间越久则收益越大，鼓励代理长期从事微商营销。

绩效考核是激励机制的基础，绩效考核制度的公平性影响到代理的工作态度，因此绩效考核在微商团队裂变管理中起着重要作用。科学合理的绩效考核可以反映代理对于团队的贡献度，充分调动代理的积极性。不够完善的绩效考核体系会降低代理对团队的忠诚度，甚至导致其离开团队。因此，完善绩效考核体系，要设置一个公平合理的考核标准。

绩效考核的设计要避免个人目标与团队目标发生冲突，否则代理会牺牲团队目标，达成个人利益，给团队造成损失。还要尽力避免短期行为，应鼓励代理能为客户提供长期服务，这有利于代理在微商行业中长期留存。

3. 完善代理监管体系

由于微商行业发展还不成熟，对于代理的监管体系还不够完善，代理的大量流失跟监管体系不完善也有一定的关系。微商行业应该让各个监管主体相互监督，明确职能和分工，完善代理的监管体系。

（1）微商团队加强对代理的管理。目前很多代理都由微商团队对其进行管理，微商团队应该结合自身的实际情况设置合理的人才流入制度及教育培训制度，以及绩效考核机制强化以便于对代理的管理。

（2）加强代理个人信息体系的建设

"你知道吗？我看了一款产品好久了，好不容易下定决心买了，付了钱后那个微商把我拉黑了。""真可恶！微商行业果然不能信。"——某客户

由于微商交易的方式是先付款，后发货，不乏某些代理做出一些败坏微商名声的事。微商团队应该构建一个代理信息资料库，详细记录代理的个人信息资料。一方面，代理个人信息的完善可以有效减少代理的道德风险行为，也让客户购买产品时得到保障；另一方面，代理频繁跳槽也会记录到个人信息里，在微商团队进行招聘时，就可以跳过这些代理，有效遏制代理的流失。

4. 加强微商团队的文化建设

微商团队文化是团队在发展过程中，团队及其成员形成的共同的价值理念和行为准则。对于微商行业来说，团队文化是吸引代理、激励代理和留住代理的重要原因。微商团队与代理建立的是委托代理关系而不是雇佣关系，代理在一定程度上是缺乏归属感的。因此，在微商团队中建立积极向上的团队文化，让代理融入团队，提高代理对团队的忠诚度与归属感，提高代理的留存率尤为重要。同时，良好的团队文化还可以提高团队的凝聚力和战斗力，给团队带来高绩效。

9.2　立体化：理性规划各渠道发展

2017年冬季，微商行业的化妆品类目遭遇大量滞销、积压，很多代理在朋友圈连续五次降价，销路仍然没有变好。由于A公司是微商化妆品行业的老大，很多微商都紧盯着A公司的营销策略，而A公司表示不会降价。大家听说A公司不降价，悬着的心也都放下来了，然后把价格调回去。

然而，在第二天，A公司在上海开了一次营销大会。大会开了两天，很多客户在现场转来转去，最后买了不少产品，心满意足地离开了。A公司借这次的营销大会，把滞销的产品都给销售出去了。其他微商纷纷效仿，但由于很多客户都购买了A公司的产品，没有再参加其他的营销大会，所以很多公司没有挽回败势。

而B公司不甘就这样失败，寻求对策，于是在电视上开启了地毯式的广告轰炸，宣传其在产品质量上的精益求精，在客户心中树立了一个良好的形象，销量紧随着上升，成为微商化妆品行业第二家没有亏本的公司。

这两家的制胜法宝就是在营销渠道上做出了改变，不再只是简单地在朋友圈里营销自己的产品。

难道微商朋友圈的营销渠道已经不适合发展了吗？不管适不适合，统一固定的营销渠道只会把微商营销僵死化，在出现问题的时候很难做出应变。所以，规划微商发展，拓宽微商营销渠道是势在必行的措施。

9.2.1 微商营销渠道遇到阻力

微商自2014年开始迎来爆发式的增长，但许多问题也随之出现。从案例中可以看到，很多微商的营销渠道都是朋友圈。现在，微商营销渠道出现了"瓶颈"问题，阻碍了微商的发展。

1. 暴力刷屏，破坏客户体验

在微商行业，很多成员不懂得好好利用营销渠道，将在朋友圈里反复暴力刷屏当成了最好的推广方式。这些成员忽略了自己的价值和朋友圈的属性，使朋友圈这一条营销渠道被封。

朋友圈其实是一个很好的社交平台，人们通过它了解朋友动态，或是看看新奇事物，从中学习或放松心情，然后通过点赞、评论等方式进行互动，拉近了人与人之间的距离。而暴力刷屏会破坏客户的体验，甚至引起反感。营销方式不当，导致客户流失，当客户屏蔽或拉黑你时，朋友圈这条营销渠道就会完全被封。除了朋友圈，你还找不到其他的营销渠道，进入了一条死胡同。

2. 微商营销渠道建设不完善

微商是一个新兴行业，它的营销渠道建设并不完善，存在着很多漏洞。微商目前还有一条发展渠道，就是发展代理。但是微商代理各自为战，随意制定价格，当价格远远超于产品本身价值的时候，客户就会对产品产生信任问题，对微商营销造成冲击。

9.2.2 创新微商营销渠道，让其成为发展助力

面对微商渠道的阻力，应该努力寻求解决方法，让阻力变成助力。微商其实属于新型的零售商，同时还是新型的电商。新兴的行业总能有很多的营销渠道，微商也可以做到。微商应该在传统的电商渠道上实现创新，让营销渠道的发展成为微商发展的助力。创新微商营销渠道，应该做到以下四个要点，如图9-2所示。

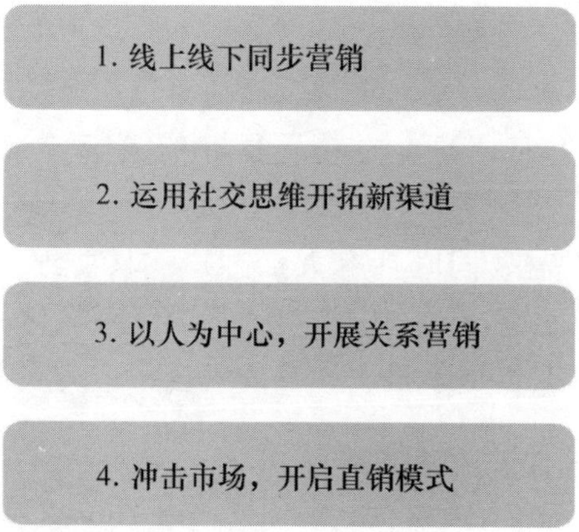

```
1. 线上线下同步营销

2. 运用社交思维开拓新渠道

3. 以人为中心，开展关系营销

4. 冲击市场，开启直销模式
```

图 9-2 创新微商营销渠道的四个要点

1. 线上线下同步营销：低成本，高收益

传统微商为了获取客户流量，增加自身曝光度，一般都会在朋友圈文案推荐上下功夫，还会依靠一些专业"水军"把产品的信誉和销量给刷出来。但是这种做法只能增加与客户接触的概率，离产品成交还有一定距离。

所以，微商应该打破传统渠道的不充分竞争方式。微商线上推广平台不

微商团队裂变：
快速打造万人微商团队

应局限于朋友圈，还可以使用其他的社交媒介，形成裂变式的传播效应。同时还要以日常社交作为线下的推广平台，通过各种渠道发展人脉，把产品宣传进行得更彻底。当微商形成双线同步营销的模式，就能在多渠道上吸引客户，吸引客户的注意力。

通过双线同步营销，微商团队成员和客户达到全面沟通，针对不同的客户进行精准营销，最后成功地把产品推介出去。双线同步营销模式在真正意义上做到了低成本推广，获得高效率传播，最后还有可观的高收益。

2. 运用社交思维开拓新渠道

微商传统的推广方式，就是使用独特创意或高频次曝光等方式，将产品信息强制灌输给客户，这是一种一对多的传播方式。这样的推广方式在一定程度上让客户感到麻木，甚至抵触。以朋友圈频频刷屏为例，破坏了客户的体验，引起客户反感，最后被屏蔽甚至删除好友。这种做法不仅缩小了产品推广范围，还让潜在客户也流失了。

强行植入产品信息的推广模式，已经提不起客户的兴趣。微商团队应该另辟蹊径，运用社交思维开拓新渠道。微商可以抱着交朋友的心态，重视与客户之间的联系与沟通，与客户建立良好的人际关系，最后实现客户的沉淀。

微商团队其实不需要同时拥有大批客户，只要维护现有的高质量的客户，站在客户的角度去思考，一定有机会形成关系转化。这样有利于微商拓宽产品营销的渠道，获得更多推广产品的机会，最终获得成交。

3. 以人为中心，开展关系营销

"双十一"等购物节逐渐成为一种潮流，全民购物可以享受到打折、促销等活动，很多微商也紧跟其后，使用促销的方式争取客户。但是，微商的竞争力比阿里巴巴薄弱，这种节日促销只会让其亏本赔钱，最后远远地被甩在身后，甚至淘汰。

微商团队应该颠覆传统的以产品为中心的营销模式，建立起以人为中心，通过与人的关系做营销的模式。微商通过关系营销挖掘潜在客户，轻松开拓新的营销渠道，促使微商与客户的直接连接。

这种关系营销实现了以客户为中心，注重与客户关系的建立，重视客户的需求和反馈，与客户实时沟通与互动，建立客户的信任。关系营销一方面解决了信任问题，另一方面，还可以通过这种关系链形成裂变式的口碑传播效应。

4. 冲击市场，开展直销模式

有些微商产品只销售代理权，并不愿意把产品直接销售给客户，依靠不断发展下级代理，获取差价利润。这种分销层次过多的模式损害客户利益，微商的下级代理发展模式需要完善。

微商可以进行厂家直销模式，限制代理层级，制定统一价格。微商厂家直销减少了很多中间代理环节，降低了渠道成本，从根源上解决了因代理过多而盲目提价的问题，让客户收到货后享受到真正的性价比，超出客户的预期，从而进行回购。微商厂家直销模式一旦实行起来，必然成为新的销售趋势。

9.3 科技化：紧跟时代趋势，充分利用移动端应用

微商就是借助移动社交平台，从而实现产品营销的群体。微商在早些时候是指通过微信朋友圈进行营销的个人或组织，但是随着微商模式的不断变化和发展，微商的"微"，早已经不是单指微信这一平台了，而是指所有的移动端应用。

个人或组织通过微信朋友圈、QQ空间等移动社交平台对自己的产品进行营销，这是典型的微商。而一些大企业，如中国移动、中国联通等，他们通过微信公众号推送自家产品的广告，对自己的产品进行营销，这其实也是微商。还有一些网络红人，有着成千上万的"粉丝"，通过直播试用产品，达到营销的目的，这还算是微商。所以，我们可以说，借助移动社交平台进行产品推广和营销，这种行为在广义上都可以统称为微商。

微商区别于传统商务的营销模式的地方在于，微商经过移动社交平台，和客户的交易流程全都是在线上进行的，只有物流配送还在线下进行。移动端应用的方式不仅节省了微商线下店面的费用，还节约了消费者的时间，双方的交易时间甚至延长为24小时都可以交易。

不仅如此，微商依靠自己的影响力，走到哪里都可以做生意，任何人都有可能成为自己的客户，只要有信号的地方就可以进行销售，不怕会有客户因找不到人而流失。通过合理利用移动端应用，微商的裂变传播优势远远超于其他行业，裂变传播方式的效果十分巨大。

9.3.1　合理利用移动端应用是微商发展的基础

如今人们的注意力不会再集中于某一处地方，而通过合理利用移动端应用，微商可以在多个平台上同时营销，这恰恰适合微商的需求。通过移动端应用，微商的裂变传播优势是传统电商无法超越的，发展前景一片光明。微商合理利用移动端应用的优点如图 9-3 所示。

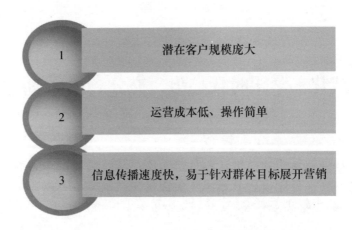

图 9-3　微商合理利用移动端应用的优点

1. 潜在客户规模庞大

根据调查显示，截至 2017 年 12 月，我国网民数量达到 7.6 亿人，而手机网民占了 95%。随着移动端应用与线下生活越来越密切，移动互联网正在不断渗透人们生活。而这庞大的网民规模为微商提供了大量的潜在客户。

2. 运营成本低、操作简单

为了提高生活质量，很多人产生了"赚外快"的想法，而微商就是很好的选择。做微商成本低,当前大多数的移动端应用都是免费使用的,只有在购买某些特权时需要支付小部分费用,而这与其他的推广营销相比,只是九牛一毛。微商的操作还简单,每个人都可以利用社交软件发送文字、图片和视频等,对产品进行宣传营销。这些移动端应用操作简单,降低了准入门槛,微商凭借着它的先天优势,将会使更多的人加入微商行列。随着移动端应用的普及,人人微商、人人营销将会成为现实。

3. 信息传播速度快,易于针对群体目标展开营销

只要有一部手机,微商就可以随时随地通过移动端应用进行广告宣传。它不再像使用海报一样精心排版和印刷,然后安排人去散发,只需要简单的照片和介绍,就能将广告宣传出去。这种分享方式不仅简单,消息还会像核聚变一样,实现指数级增长,用最少的时间让最多的人知道。

在移动端应用中开展营销推广是比较容易的,因为社交软件中通常都是熟悉或有着相同爱好的人聚集在一起。社交软件里不乏不熟悉的人,但是通过互相关注,很容易建立起相互信任,营销起来也就方便多了。

9.3.2 如何利用移动端应用,玩转微商行业

移动端就像是一个商城,微商是个人分销功能,通过移动端可以消除微商与消费者之间的隔阂,开启一个人人电商的时代。微信、微博等移动社交工具作为普遍使用的营销平台,给大家带来了很多便利和惊喜,通过移动端,微商和客户形成了一种新的买卖关系。通过移动端,微商可以在互联网上搭建统一的商城直面客户,负责产品的管理、发货与产品售后。

移动互联网瞬息万变,微商团队必须学会合理利用移动端应用,积极改变自己的营销方式,这样才能让团队一直处于微商行业的前端。就合理利用移动端应用,让微商实现长远发展,以下提出几点建议:

1. 加入移动端引流、充分保障微商的利益

很多微商新手刚入行的时候都怀着满腔热情,但营销过程中不断碰壁使他们心灰意冷,甚至萌生了退意。微商团队不应该只把产品发到代理手中就不管不顾了,而要注重微商新手的发展,这时候移动端引流就显得很重要了。移动端引流就是微商团队通过移动端应用对产品进行广告宣传,将吸引

微商团队裂变：
快速打造万人微商团队

来的客户分到微商新手代理处，让新手代理得到成长。

移动端引流的方法有很多，如微信公众号、微博热点、应用商店的广告位等。团队通过移动端引流，可以省下线下推广销售的费用，还能促使代理在利益的驱使下更用心地营销产品。微商成员在利益得到保障的同时，还会更加信任团队，这可以说是一个双赢的策略。

2. 转变微商代理思路

微商不是一个人在营销，现在的小代理在不久的将来也会有自己的代理团队。只有不断提升自己的能力，才能管理好自己的团队。微商是基于移动端应用存在的，所以代理们一定要学会基本的办公技能：Excel、Word、Photoshop 和语言修饰。

我认识的一个代理团队的负责人小 A，她在 2017 年的时候一个月卖了 30 万元的货，可是到了月末发现账单上的钱对不上数。后来她只能一笔笔核对发货记录，发现给别人多发了几万元的货。

小 A 的出货记录都是手写记在本子上的，很不保险。我给小 A 提出建议，让她做个 Excel 表格，减少出错的概率。小 A 拒绝了我的建议，理由是不会做。两个月后，她的本子被她女儿撕了一页，她再一次给别人多发了货。

另一个是我朋友的助理小 B 的故事，2017 年年底，我朋友的团队为了奖励几位销售突出的代理，让代理们自己写文案和配图，团队帮助他们在微信公众号上发表，从而起到推广的作用。宣传过后，其他几位代理的销售成果更上一层楼，只有小 B 得到的效果是微乎其微的。原来，小 B 只是简单地写了一些内容，然后随便配了几张图片就交给团队了。她写的东西既没有价值，又没有感染力，客户阅读后没有太大的感触，当然不会去联系她购买东西，小 B 也因此浪费了一个好的宣传机会。

都说好记性不如烂笔头，手工记录当然有它的好处，但是在移动端应用发达的时代，这个方法就没那么好用了。还有很多代理在转发图文时总是照抄别人的，客户看多了这种一模一样的图文，自然就不会再受到吸引。而这时候也有一些人，转发的时候根据别人的图片进行简单的修改，然后用文字稍加修饰，不仅内容都是自己的，还提起了客户的新鲜感，抓住了客户的注意力。

从这两个故事中我们可以看出，互联网时代少不了基础的学习，微商代理成员要改变自己的代理思路，学会使用移动端的应用工具，为自己的产品

第 9 章
微商团队稳定发展的五大策略

造势。

3. 学会自媒体营销，借势热点

自媒体也是"公民媒体"或"个人媒体"，它私人化、平民化、普泛化，是通过移动社交软件向人们传递信息的新媒体。自媒体包括直播、微信、微博等，既可以选择 PC 端，也可以选择移动端。

现在很多微商代理的宣传方式就是转发别人的东西到自己的社交软件上，不管内容好不好，自己也没有去认真阅读，所以转发过后的效果一般也很差，还会引起好友的反感。因此，微商代理们应该要学会自媒体营销，通过多个平台、多种渠道去发展客户，在与客户互动上下功夫，让大家喜欢看你发的内容，这样才能达到一个好的宣传效果。

当然，经营自媒体平台不是那么简单的，发展"粉丝"是一个日积月累的过程。微商代理应该从小做起，把内容做精。例如，你是一位卖食物的微商，就要把自媒体做出"舌尖上的微商"的感觉；如果你是卖护肤品的，就要在自媒体上营造出一种"护肤达人"的感觉；如果你的产品是服装类的，就要教大家如何穿搭才更潮流和更有个性等。自媒体营销的核心要点就在于"自"，把自己产品的优势融合在自己的特色中，塑造自己的形象，从而吸引更多的爱好者来关注你的平台，从而转化为客户。

想成为自媒体里的大咖，还要持续不断地更新自己的内容，这样才能获得更多的关注。但是现在大家的生活节奏都比较快，很少会有人把注意力长时间集中于一个地方。所以，运营自媒体就要学会借势热点，植入自己的宣传。微商代理要养成看新闻的习惯，发现头条新闻跟自己的产品有所联系时，学着用头条来助推产品宣传。

小 A 是做减肥产品的，她在一条某女子因减肥不当导致死亡的热点报道下，先是表示了对生命的惋惜，然后借助这个新闻介绍了自己产品的好处，着重宣传健康方面。通过这次宣传，不少有意减肥但又害怕身体出现问题的人，都找到小 A 咨询她的产品。

小 A 在借势热点，助推产品宣传这方面就做得很好，她懂得如何充分利用别人的关注点抓住客户的眼球，让客户在不反感的情况下注意到她的产品。

4. 由"纯微商"向"新微商"转变

在 2016 年的云栖大会上，马云提出了"新零售"的概念，冲击传统行业的不仅仅是互联网，还是人们对过去的执着和对未来的不接受。

我非常赞同马云的观点，移动端应用正在冲击着传统的零售行业，我们要做的就是将"纯微商"和"纯零售"二者融合在一起，成为"新微商"。"新微商"既有移动端应用的便捷，也有实体店的支撑，是未来微商的发展趋势。

9.4 营销支持：为成员提供全方位宣传策略

企业是一个大平台，如果能让每一位参与者都实现自身价值，那么企业就有可能成为行业领军者。某内衣品牌正是用微商实现了这一点，通过微商不断地发展代理，投入各种资源支持代理的成长，最终让代理获得红利，实现了人生价值。

为了让每一位代理都能成长起来，这家内衣品牌建立起了完善的培训体系，通过微信随时向代理传递最新的营销经验，促使其快速地入门，打出知名度，树立良好口碑。

团队会为代理提出全方位的宣传策略，扶持每一位代理成长。团队会对使用系统的宣传方法，对产品的作用功效进行宣传，从而实现有效引流。不仅如此，团队还会将引来的流量"粉丝"分给下面的代理。每一位代理都有机会参加得到公司的流量福利，通过这些流量福利，可以加强代理的工作动力，有助于代理团队实现良性发展。

除了培训，企业总部还为代理策划统一的品牌宣传活动，通过广告宣传活动做到全国代理共同获益。

例如，2017年9月，裸香内衣就制定了在中央电视台及各大卫视的广告宣传计划。商场如战场，在传统媒体平台打广告，不但是在利用高空轰炸优势，为地面部队的前进做掩护，顺利推进渠道等战略布局，抢占传播制高点，而且还抢占了消费者的心智资源，将消费者、经销商等各类人群一网打尽，打赢一场至关重要的"攻心战"。这次电视媒体广告的陆续播放也带动该品牌内衣新一轮的跨越。

宣传是营销的前提，只有把宣传工作做好了，成员才有可能把产品营销出去，获得利润。该团队完美地解决了微商新手成员的宣传问题，让微商新手快速得到成长。事实上，微商团队对成员们提供的营销支持，正是成员营销路上必不可少的助力。

9.4.1 微商宣传路上遇到了问题

微商对产品的宣传具备便捷性，这样就使微商可以无限发展代理，实现扩散式的传播。这种宣传方式虽然快，但也衍生了不少弊端。微商底层的成员虽然铺货少，但是零售压力大，还有部分中间商随意提价，扰乱微商市场秩序。这样的宣传情况就会使微商底层成员对微商团队产生不信任，从而产生放弃做代理的想法，造成微商人员的流失。

以客户的角度看微商的宣传方式，最常见的就是朋友圈暴力刷屏。朋友圈原本是大家私人的分享空间，让大家分享趣事，拉近距离。某些微商成员不恰当的宣传方式，让朋友圈成了微商的广告平台。这种宣传策略引起了客户的反感，不但起不到宣传的效果，还有可能导致客户的流失。

微商是基于人际关系形成的商业模式，微商在宣传产品的时候，要想尽办法扩大受众范围，鼓励大家转发、点赞，让信息得到扩散和传播，在最短的时间里，让宣传得到最大的效果。可是很多微商新成员没有得到团队扶持，独自闯天下，在宣传和销售上遇到了不少阻力。微商新成员没有宣传班底，没有大量人气，没有明确的目标圈子或圈子太小，都很难把产品推广出去，更别提营销了。面对这样的情况，微商成员很难有坚持下去的动力。

9.4.2 微商团队应教会成员们的宣传策略

微商产品的宣传主要依靠于及时发布产品信息，以及产品宣传途径多样化。微商产品最好的宣传策略应该是"大隐隐于市"的，也就是在不知不觉的情况下，将产品潜移默化地推广出去，还不会引起客户的反感。微商发展到现在，对于产品的基本宣传策略已经形成了固定的模式，下面我们一起看一看。

1. 私人定制：宣传产品特点

有一个著名的"分众理论"，说的是在运用媒介传播时，要对年龄、职业、教育水平及兴趣爱好等因素做一个特定的分析，从而满足受众的需求，这种推送策略也可以叫作"私人定制"。"私人定制"的宣传策略主要是通过反复强调产品的功效，从而扩大宣传的效果。因为微商对产品的功效强调得越多，受众就会越重视。

宣传平台就像一张大网，能够网罗天南海北的人，但是真正成为自己客户的少之又少。所以，微商要学会私人定制。例如，某内衣品牌的定位就是女性市场，他们就要掌握不同类型女性的特点，理清他们的消费能力和产品需求。面对年轻的女性，就要紧跟潮流；面对中年妇女，内衣的功能才是最重要的等。这些都是微商宣传产品时不得不认真考虑的问题。微商成员想要成功宣传产品，就要对产品的受众有着明确的认知，结合自家产品的特点，有针对性地对受众进行宣传和推广。

2. 基于营销技巧的双方互动

微商的营销技巧有很多，而最基本的当然就是这三个：扫一扫送礼品、挑选宣传时间关键点、节日大促销，如图9-4所示。

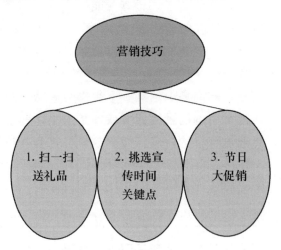

图 9-4 微商营销技巧

发展日趋成熟的微商团队，已经开始从线上发展到线下，双线结合是微商开辟的新路径。很多微商开始将产品投放到线下，最常见的活动就是"扫一扫送礼品"。微商团队成员可以将自己的二维码打印出来，选择一个人群流量多的地点进行宣传。这种方式能添加不少受众，还能让客户真实接触到产品，实现线上线下一体化服务。

而营销技巧的运用还离不开线上线下相结合，如观察生活中客户的时间点,从而选择发布宣传信息的时间。微商要注重生活细节,找出宣传信息在什么时候能引起最多人的关注。例如,发布朋友圈时要避开上班时间,否则没有人关注信息,宣传也是徒劳。而在中午 12 点到下午 2 点,很多人都处于午休状态,就会刷个朋友圈放松一下心情,这时候发布产品宣传信息,就能让很多人在第一时间看到消息,产生事半功倍的效果。

节日本身具有很好的宣传效果,在节日进行适当的打折促销,也是微商宣传的一种好策略。微商在节日可以经过反复宣传增强效果,而客户又有过节这一消费理由,很容易达到交易的目的。

9.5 后续维护:重视售后服务,做好售后支持

很多时候,微商成员在完成产品交易后就大舒一口气,觉得只要把货给发了,接下来好像就不会有什么事了。其实,这种想法是错的。交易只是我们微商过程的一小部分,微商营销的核心点,应该是通过客户口口相传,从而把产品推介出去,形成下一笔订单。所以,售后服务真的很重要。售后服务的质量决定了客户对产品的复购率和转介率。

9.5.1 售后服务才是销售的开始

小 A 在微信上做首饰品营销,她的首饰花样多,价格相对来说也便宜,于是有不少客户都会在她这里购买产品。

有一天,小 A 迎来了一位客户,客户询问了 Pt(铂金)产品的价格。小 A 向客户极力推荐 Pd(钯金)999 或 Pd990,认为这两款才是时下潮流的首饰品,比较多人戴。小 A 还向客户保证,收到货物后不满意 Pd 产品的话,可以补差价换回 Pt 产品,客户听得很心动,决定听从小 A 的意见,买了一款 Pd999 的手镯和一款 Pd990 的项链。

等到货物到达客户手中时,客户上网查询才知道 Pd 并不是铂金饰品,而且当时小 A 也没有跟她说明 Pd 和 Pt 的区别,客户觉得非常失望。客户找到小 A,要求换货。然而,令客户没有想到的是,前几天信誓旦旦保证可

微商团队裂变：
快速打造万人微商团队

以换货的小 A，这时候却说不同种类不能更换，如果非要更换，每克需要支付 50 元钱。客户气坏了，说小 A 当时也没有告诉她。小 A 理直气壮地反驳客户："这事你也没问我啊！"客户感到受到了欺骗，可是小 A 不免费更换，她也无可奈何。

没想到过了几天，这位客户的朋友打算从小 A 那儿购买大量首饰，被客户拦了下来，并且把这件事告诉了朋友。朋友说没想到小 A 的售后服务那么差，这样的微店肯定做不长久。朋友一语成谶，小 A 的微商之路并没有走太远。客户的流失让小 A 无法再从事微商行业，最后只能选择放弃。直到最后，小 A 都没弄明白：我的产品好看又便宜，怎么大家都不愿意来买了呢？

在微商所有的产品销售环节中，售后服务是客户相当重视而微商成员却往往忽略了的环节。因为微商成员的疏忽，这一环节往往也会给其带来重重一击。

1. 做好售后服务会有什么好处

做好售后服务，强化客户购买体验，除了产品本身的体验，微商成员提供的服务体验会让客户感到欢喜。售后服务做好了还有利于降低运营成本，因为维护老客户的成本总是大大低于开发新客户。而且，老客户转头把你的产品介绍给别人，宣传力度大大加强，效果也比自己宣传还要好。

2. 不会售后服务的痛苦

1）花费大量时间和成本开发新客户，到头来回报率却不高。很多微商做的都是一次性销售，经过大量宣传，终于招来了客户。可是成交一次过后，客户就再也没有来过。

2）产品宣传效果不能达到最大化。微商不重视售后服务，很容易造成在宣传上自己单打独斗的局面，在仅有的范围内实现传播，宣传成本很大，传播速度慢，效果还不持久，不能把宣传效果做到最大化。

3）影响客户体验，难以形成好口碑。微商为什么能以那么快的速度崛起？分电商一杯羹？错！微商靠的就是超强的人际关系，以及大范围的信息传播。微商和客户不仅仅是交易关系，还是朋友关系。微商的营销就是通过客户的信任而开始的，客户使用产品所获得的体验是决定信任能否继持的重要因素。而没有好的售后服务，微商与客户就真的只是普通的交易关系，客户也不会帮忙宣传推广。

9.5.2 微商售后服务存在的问题

与其他的电商服务相比，售后服务才是微商目前存在的最大问题。微商建立的基础是社交平台，这些平台的主要功能是社交，所以微商交易并不如淘宝等平台专业，使微商交易后的维权极为困难。

微商的支付方式安全性较差，给不了客户足够的安全感。除了平时的聊天接触和生活动态，很少有真实的接触让客户相信微商是个真实可靠的人。同时还有不法商人利用这一特点，对客户进行恶意交易，出售假冒伪劣产品，使客户遭受巨大损失。微商的交易本质属于私下交易，仅仅依靠私下交易对客户而言是一种冒险的行为，很多微商和客户都因为信任这一问题而错过了交易。而且微商交易没有第三方平台的监督，很容易发生卖家收款后不发货的情况。在这种情况下，买家没有相关的购买凭证，无法提供维权证据。

在某些特殊情况下，买家还会放弃维权。例如，微商中有海外代购这一行，这种维权成本高，客户在权衡利弊后，往往都会放弃维权。虽然法律中明确了七天无理由退货的范围，但是客户通过微商交易，是很难像在其他途径购买的商品一样去维权。由于微商的爆发性发展，以及微商市场秩序较乱，对于微商消费维权并没有相关的法律去解决。这种售后环节的不完善，让很多买家放弃维权，但却不会选择回购，微商因此失去了一个客户，影响微商的长远发展。

9.5.3 售后服务这样做，才能留住老客户

我们都知道，微商想要做好这个行业，就要把握好每一个环节，尤其是微商售后服务。那么，微商团队成员要怎么做才能处理好售后服务问题呢？下面给大家介绍三个要点，如图 9-5 所示。

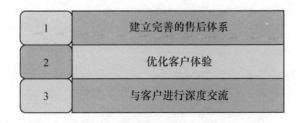

图 9-5 微商售后服务要点

微商团队裂变：
快速打造万人微商团队

1）微商要建立自己的售后服务体系。当有一个完善的售后体系时，客户对微商就会放心很多，消除了后顾之忧。这样做可以打破信任隔阂的约束，对客户或微商都是有利的，还有利于改善出售假货的现象。

2）优化客户体验。微商成员要时刻保持自己的亲切感，让客户有一个好的购物体验，从而提升亲密度。大家都有一颗"手撕包裹"的心，所以发货选择的物流一定要快，而且包装一定要完整，不然有可能会损坏产品。

在发货给客户后，可以给客户留一些小贴士，督促客户定时使用产品，并询问使用效果。在收到客户反馈后，想要发出去，一定要尊重客户，经过客户的同意再发。除此之外，还可以多关注客户的朋友圈，多多点赞和互动，增强客户对你的好感。

很多人都以为包裹只是一个很普通的货物，其实用心的微商会发现，包裹也是一个很好表达自己诚意的方式。

3）与客户进行深度交流。微商成员要知道，有一些客户在使用过你的产品后，有可能会成为你的代理，这时候你就要给客户灌输一些微商意识，普及代理政策。你要经常给客户培训一些内容，让他也成为一个专业的代理，为你创造更多的利润。

对待这些代理客户，一定要耐心，给予他们信心和鼓励。有一些人做代理可能只是三分钟热度，有一些人心理承受能力比较弱，总之在面对各种问题时，微商成员都要去鼓励他们，激发他们的自信心。